U0077157

書寫語文學習障礙

楊坤堂　著

作者序

「人之異於禽獸者幾希？」人類擁有語言文字的能力與技巧乃是其中之一。人類的語文包含視覺的文字與聽覺的語言，而人類的語文行為則涵蓋聽覺的接受性語文（聽）和表達性語文（說）以及視覺的接受性語文（讀）和表達性語文（寫）。一般而言，在語言的學習上，人類是先學會語言，再學會文字，也就是說，人類是先學會語言的聽與說，再學會文字的讀與寫。因此，初學一種語文，學習者是先以聽覺來收聽語言的聲音，再經由發音器官的發聲（模仿）來學習的。幼兒學習母語就是經由這種方法學會的。語文是人類的一種溝通工具，也是一種學識和技能。學習者固能經由「耳聽口說」（聽音發聲）的方式學習語文，但如果以系列的方法進行語文的學習，則可以學得更好、更多、更快以及更正確。

雖然，我國社會與文化數千年來相當重視書寫語文能力，但是，時至今日我國有關閱讀語文的研究依然多於書寫語文的研究。惟近年來，我國特殊教育及其相關學域的學者專家以及特殊教育教師，持續而積極地從事書寫語文學習障礙學生的診療研究和臨床教學的實務，並紛紛提出各種書寫語文學習障礙學生診斷與療育的研究報告或專書等。

本書係依據國內外書寫語文學習障礙的相關文獻，以及台北市國小資源班書寫語文學習障礙學生臨床教學的實務經驗而撰寫，其主要內容包含書寫語文學習障礙的學理、實證研究以及臨床診

斷和教學實務等，計有語文發展與書寫語文（第一章）、書寫語文學習障礙的定義、特徵、成因與類型等基本概念（第二章）、書寫語文能力與障礙的研究（第三章）、國小書寫語文能力的特徵及其發展類型與錯誤類型的研究（第四章）、評量與診斷（第五章）、書寫語文學習障礙的教學模式與策略（第六章）、書寫語文學習障礙的診斷報告和教學活動設計實例（第七章），以及國內外書寫語文學習障礙的相關研究，和學習障礙主要學派有關書寫語文學習障礙的教學理論與技術（第八章）等。而本書的主要目的，則在提供國小特殊教育教師實施書寫語文學習障礙學生教學的參考資料，並虔敬地祈望讀者的不吝指正。

筆者一向認為，特殊教育學生的教學與輔導應採行臨床法，本書的架構亦建基於強調量身訂做的臨床教學上。基本上，本書與《國小兒童書寫語文能力診斷測驗》（再版）（楊坤堂、李水源、張世彗、吳純純，民 91，心理出版社）係屬同一系列的資訊，《國小兒童書寫語文能力診斷測驗》是量身：診斷，而本書則是訂做：教學策略。從臨床教學的學理與技術而言，基本概念的認識先於正確的診斷，而正確的診斷又先於有效的療育。本書第一、二、三與四章乃是基本概念的認識，第五章屬於正確的診斷，第六章乃是有效的療育，而第七章則是實踐臨床教學的一些實例。

在本書付梓之際，筆者誠摯地以惜福和感恩的心情，感謝國內外學者專家的指導與協助，本書由於引用國內外學者專家的著作以及文獻而更具水準和分量。感謝行政院國家科學委員會專案研究計畫的資助（NSC86-2413-H-133-004）（第三章和第四章），感謝在台北市立師範學院身心障礙教育研究所選修筆者「學習障

礙研究」課程的學生鄧國彬老師、邱利盈老師和黃彩霞老師提供書寫語文學習障礙診斷報告和教學活動設計實例，感謝劉惠珠老師（筆者在台北市立師範學院學士後特教師資班及學障測驗種子教師班的高材生）提供書寫語文學習障礙診斷報告實例，感謝心理出版社許總經理麗玉女士協助出版本書。

由於筆者在學習障礙學域的專業素養、教學與研究等方面的不足，加諸學習障礙理論和技術的推陳出新，本書的撰寫在內容上難免掛一漏萬與謬誤之處，敬請各方先進惠賜指正為感。

楊坤堂　謹識
中華民國九十三年四月二日於
台北市成功路閱讀歐洲

目　錄

［第一章］
緒　論

第一節　前　言

　　在中央研究院院士會議中，多位院士批評當前學生國語文素質與表達能力低落的問題，認為學生學習國語文多注重背誦語文知識，卻寫不出通順的文章。國中基測不考作文，令院士對青年學子的語文程度憂心忡忡；大學入學考國文科考作文，但學生又經常看不懂作文題目。國民具備一定的國語文識讀與寫作能力是最起碼的要件，亦是國家從基礎教育到高等教育都強調國語文教學的原因。在網路與電玩中成長的 e 世代接觸文字機會比上一世代更少，有不少研究指出，新世代多半傾向圖像思考，文字識讀與寫作能力正相對地急速退化。這種現象若再不透過正規的語文教學與寫作演練來改善，未來的問題只會愈見嚴重。文化的傳承，語文表達與素養正是其中關鍵的一環，聽任一個世代語文能力的退化，等於坐視一個時代文明的退化（《中國時報》，91.7.3 社論）。院士林毓生認為，若不重視作文能力，將導致進一步的中文破碎化。院士朱經武指出，培養作文能力不僅在培養下一代的表達和溝通能力，更在訓練下一代體會文字的優美（《中國時報》陳希林記者，91.7.3）。

　　台北市立百齡高中國文教師徐美慧指出，e 化普及，學生寫字及寫作的機會減少，缺乏筆順練習，寫錯字機會頗高，文字也不通順；國中基本學力測驗不考作文，國語文課程時數減少，國文教師為了應付考試，只好犧牲作文練習（《中國時報》邱恬琳記者，91.7.3）。

　　多位大學教授認為，學生國語文能力低落，語文表達能力不佳，寫論文時，從句子結構到文章大意統統有問題，更常文不對題。學生用慣了網路式的簡單表達方式，也常受英語文法影響，是導致文章文意不清的主因。大學生寫報告常常是上網抓資料，直接剪貼，久而久之，表達能力就愈來愈差（《中國時報》江昭青記者，91.7.3）。

　　美國各大學入學評鑑參考之一的美國學術性向測驗（SAT）將於二〇〇五年三月起加考作文，這是 SAT 上路七十六年來最大的一次變革。加考的作文包括短文寫作、文法選擇題和改錯三部分。許多大學入學評審委員對此變革感到非常滿意，認為有助於刺激中學重視作文教育，加強學生的寫作技能，為完成大學學業奠定扎實的基礎（《中國時報》鐘玉玨記者，91.7.3）。

　　國立豐原高中國文老師陳麗偵指出，國文科過去每班五分之一不及格就很誇張了，但這學期第一次段考，許多班級僅有六、七名學生及格，國文程度惡化的問題值得重視。張守明老師表示，最明顯的現象是學生不會寫作文，不僅談不上起承轉合，連段落都不會寫，作文題目也看不懂，考題要求作文字數不得少於六百字，學生寫兩百字就交卷，原因是寫不下去，而且文章中錯字連篇。學校於是為此召開緊急會議，討論是否要配合學生的程度，再考簡單一點，或把默寫改成填充題（《聯合報》張明慧記者，91.12.17）。

　　國立鳳新高中國文科召集人黃玲玲老師說，學生作文程度低落，國語文程度也快速下滑。學生的作文審題能力不足、文章格式不對、沒有架構、段落不分明、沒有文字駕馭能力、文句粗淺、文字無法優美精鍊，遑論精闢的言論，有些學生乾脆不寫（《聯

合報》王紀青記者，91.12.20）。

　　九十二學年度大學學科能力測驗國文科閱卷主持人何寄彭教授表示，雖然大多數學生作文的思維僵化，但尚無表達能力嚴重不佳的問題，只是錯別字不少，而多數學生文章的字數，則是〈香米碑〉文長約兩、三百字，〈推廣閱讀計畫〉約六百到八百字（《聯合報》許峻彬記者，92.2.8）。

　　《聯合報》記者曹銘宗更早在九十一年七月二十三日，即報導中央研究院院士鄭錦全教授的研究報告，鄭錦全院士以電腦進行跨語種的語言計量研究，藉以探究人腦處理語詞的語言認知能力。鄭錦全院士依據研究結果，提出「詞涯八千」與「字鄰半百」的論證。詞涯八千係指人類對一種語言所能掌握與運用的詞語數量最多是八千字，但人腦可以將之衍生成無限的句子和篇章；而字鄰半百乃是平均需要五十個字，才能構成或表達完整的意思（信息塊）。鄭錦全院士主張，從字詞、詞組到句子、篇章的理解是屬於人類的語言組合能力，而非記憶能力。

　　台北市立健康國小於民九十二年十月十六日公布九年一貫課程實施後，該校二、四、五年級學生國語基本能力測驗的評量分析，發現學生書寫能力有待加強，尤其是作文，絕大多數學生句子呆滯、沒有變化。四年級學生的書寫能力待加強；五年級以文字回答的題目，空白率普遍偏高，得分率則偏低；二年級在選字、閱讀上表現良好，卻不太會打標點符號。有些五年級的學童不擅長照樣造句或改錯題型，往往要想很久很久方能寫出一句完整的句子。四年級老師謝秀芬表示，九年一貫課程實施後，每週國語上課時數，低年級從十節課減為六節，中高年級則只有五節課，老師有無時間教作文是一個問題。此外，現代孩子普遍愛打電腦，

家長看重英語又甚於國語，則是另一項須正視的問題。校長陳順和表示，改進之道必須先釐清各年級應該學習的內容與程度為何？重要的是適當學習，同時以有效的教材提高教師的教學效果（《聯合報》記者許麗珍）。

　　以上的新聞報導乃有關我國當前學生國語文作文成就與能力的大略現象，包括作文低成就的事實、作文問題的特徵、原因以及改進之道：

1. 現象：看不懂作文題目，從句子結構到文章大意統統有問題，文不對題，文章文意不清，寫錯字機會頗高，文字也不通順，書寫能力有待加強，句子呆滯、沒有變化，文字回答的題目空白率普遍偏高，不太會打標點符號，不擅長照樣造句或改錯題型，往往要想很久很久方能寫出一句完整的句子。

2. 原因：學習國語文多注重背誦語文知識，國中基測不考作文，接觸文字機會少，多半傾向圖像思考，上網抓資料直接剪貼，寫作的機會減少，缺乏筆順練習，學生用慣了網路式的簡單表達方式，受英語文法影響，國語文課程時數減少而忽略作文練習，也不強迫學生背誦課文，國小與國中的國文教材因偏重白話文，一上高中多數學生無法理解高中國文課本中大量的文言文教材，現代孩子普遍愛打電腦，家長看重英語又甚於國語。

3. 改進之道：透過正規的語文教學與寫作演練來改善，釐清各年級應該學習的內容與程度，適當的學習，以有效的教材提高教學效果。

　　事實上，一般學生書寫語文低成就的問題現象與成因，遠比上述的報導還要多元，而書寫語文學習障礙學生書寫語文學習低

成就的現象、成因和處遇（treatments），又遠比一般學生更複雜。

中研院鄭錦全院士的電腦跨語種語言計量研究的結果與發現，有諸多值得語文教學者參考與應用：

1. 詞涯八千

不管一本書有多厚，作者所使用的字種字數一般只有四千，最多不超過八千。而這詞涯八千除了基本單字之外，再加上兩三千個非衍生性，而需要記憶的詞語。詞涯八千似可應用在閱讀和書寫語文的字詞彙教學，以及學科課本編寫的閱讀水平設定上。

2. 字鄰半百

人想要傳遞完整的訊息，無論是人際的口語溝通或是寫作的文意表達，平均需要用到五十個字。字鄰半百似可應用在說話和書寫語文的造詞、造句與段落寫作教學上。

3. 作文的寫作歷程教學與認知策略教學

人類能掌握與運用的詞語數量最多是八千字，但可衍生無限的句子和篇章；從字詞、詞組到句子、篇章的理解屬於人類的語言組合能力，而非記憶能力。因此，筆者認為教師在書寫語文的作文教學上，可施行寫作歷程教學與認知策略教學。

本書的撰述旨在回應我國當前中小學書寫語文教學的現實，特別是因應書寫語文學習障礙學生的學習需求，並冀能提供特殊教育教師實施書寫語文學習障礙學生臨床教學的參考資料。本書係依據國內外書寫語文學習障礙的相關文獻研究，以及國小資源班書寫語文學習障礙學生臨床教學的實務經驗而敘寫，其主要內容包含：書寫語文學習障礙的學理、實證研究以及臨床診斷和教學實務等，計有語文發展與書寫語文，書寫語文學習障礙的定義、特徵、成因與類型等基本概念，書寫語文能力與障礙的研究，國

小書寫語文能力的特徵及其發展類型與錯誤類型的研究，書寫語文學習障礙的評量、診斷與教學策略，書寫語文學習障礙學生診斷與教學活動設計實例，國內外書寫語文學習障礙的相關研究，以及學習障礙主要學派有關書寫語文學習障礙的教學理論與技術等。

　　筆者一向認為特殊教育學生的教學與輔導應採行臨床法，本書的架構亦建基於強調量身訂做的臨床教學上。基本上，本書與《國小兒童書寫語文能力診斷測驗》（再版）（楊坤堂、李水源、張世彗、吳純純，民 91，心理出版社）係屬同一系列的資訊，《國小兒童書寫語文能力診斷測驗》是量身：診斷，而本書則是訂做：教學策略。從臨床教學的學理與技術而言，基本概念的認識先於正確的診斷，而正確的診斷又先於有效的療育。本書第一、二、三與四章乃是基本概念的認識，第五章屬於正確的診斷，第六章乃是有效的療育，而第七章則是實踐臨床教學的一些實例。

　　筆者在本書第六章建議書寫語文學習障礙學生書寫語文的教學流程及其教學方法，希望特殊教育教師在資源班實施書寫語文學習障礙學生臨床教學時，能參考使用，亦期望普通班教師也能應用於一般學生的書寫語文教學上，甚或家長運用在家庭生活親子書寫語文學習活動中。筆者相信本書第六章的書寫語文教學模式與策略，能協助學生體會書寫語文技巧的有用和有趣，享受書寫語文的樂趣與效益。

第二節　語文發展與書寫語文

　　語言乃是人類獨一無二的心智能力，係指人類在同一語文系統的社會中使用口語或書寫的符號系統，藉以有效地進行思考、人際溝通（Caplan, 1992）、傳達訊息以及創造、保存與傳遞文明的一種工具、方式或能力（Britton, 1970; Benson, 1983; Harris & Sipay, 1985）。語文是一種譯碼（訊息處理的心理表徵與轉換歷程），藉此聯結語文的形（諸如字音、句子結構）和語文的意義（semantics）層面。語文譯碼的基本層面包括字庫（lexical）、語形（morphological level）、語句，以及文意層次等（Caplan, 1992）。而語音、語形和語法等語文系統都擁有各自的表徵、特性或單位，諸如音素、詞位（morpheme）和句子。因此，語文屬於多層次系統（multileveled system），人類依藉語文在外在訊號與內在訊息之間進行雙向傳譯（Greken, 1994）。事實上，人類的語文系統與語文發展的內涵及其過程相當複雜，就語文系統的理論而言，語文主要涵蓋：1.文法：包括字音（phonology）、語形（morphology）、語法（syntax）。2.語意（semantics）：包含字庫（lexicon）或字（詞）義和語義關係。3.語用（pragmatics）：計有文理脈絡（context）和語文功能，諸如溝通功能與非溝通功能等。

　　語言無處不在，即使在夢中，亦需語文（Langacker, 1968）。人類的語言（說話）約有十萬年的歷史，而文字（書寫語文）則只有五千年的歷史（Just & Carpenter, 1987）。數千年來，我國的

傳統教育強調語文教育，傳統文化對語文素養的評價甚高。知識分子必修文學，而其中，書寫語文是其主修之一，也可能是最重要的一項功能。雖然，我國的現代社會加強科學教育，但是語文教育依然受到重視，因為書寫語文乃是有用的、有效的、有趣的以及必需的現代社會的要素（Phelps-Gunn & Phelps-Teraski, 1982）。因此，家長相當重視其子女的學業成就，尤其是語文教育的成績，這種現象在學前與小學教育階段特別明顯。

　　雖然，書寫語文通常是兒童早期經驗的一部分，但卻是兒童最後習得的一種語文技巧。大多數的發展理論家和教育工作者認為，書寫能力乃依循聽、說、讀、寫的順序發展而成的（Phelps-Gunn & Phelps-Teraski, 1982; Harris & Sipay, 1985; Bond, Tinker, Wasson, & Wasson, 1994），亦即書寫語文能力乃緊隨在聽語、說話與閱讀能力之後發展而成（Adelman & Vogel, 1991; Gerber & Reiff, 1994; Johnson & Myklebust, 1967; Litowitz, 1981; Myklebust, 1965; Troia, Graham, & Harris, 1998; Vogel, 1998）。易言之，書寫語文能力係屬聽語、說話、閱讀能力與思考技巧應用的極致（Smith, 1991）。Alley和Deshler（1979）認為，兒童書寫語文的產品是兒童 1. 知識與思想內涵的視覺指標，2. 組織、控制和引導思想的工具，以及 3. 其思想的輔助物。適當的書寫語文能力是兒童學業、社會與生活各方面成功的重要因素之一（Morris & Crump, 1982），亦是兒童證明其學習成就的最主要方式（Smith, 1991）。兒童的書寫語文障礙乃是其高度挫折性的學習經驗，是學習障礙學生最大的學習困難（Smith, 1991），亦可能影響其成年的職業與生活（Adelman & Vogel, 1991; Alley & Deshler, 1979; Cohen & Plaskon, 1980; Johnson & Blalock, 1987; Ysseldykle & Algozzine, 1995）。近

年來，學校教師普遍認為，書寫語文教學是教學優先次序中的當務之急（Larsen & Poplin, 1980），因此，書寫語文的教學和評量逐漸受到重視（吳錦議、蔡長盛、李文珍，民 77；林千惠，民 90a；林寶貴、黃瑞珍，民 88；林寶貴、錡寶香，民 89；陳玉英，民 83；曾美惠，民 82；楊坤堂，民 86；楊坤堂、李水源、吳純純、張世彗，民 89；劉興漢，民 76；Lund & Duchan, 1988; Phelps-Gunn & Phelps-Teraski, 1982; Silverman, Zigmond, Zimmerman, & Valeecorsa, 1981; Wiig & Semel, 1984; Yang, 1990）。

人類的語文系統（language systems）包括聽覺接受性語言（auditory receptive language）（即聽語能力）、聽覺表達性語言（auditory expressive language）（即說話能力）、視覺接受性語言（visual receptive language）（即閱讀能力）和視覺表達性語言（visual expressive language）（即書寫能力），如圖 1-1 所示（Myklebust, 1960，引自 Phelps-Guun & Phelps-Teraski, 1982）：

	接受性語言→	內在語言→	表達性語言
口語（聽覺）	1.聽（聽覺理解）		1.說（口語產品）
書寫（視覺）	2.讀（書寫理解）		2.寫（書寫表達）

圖 1-1 語言系統與歷程（Myklebust, 1960）

根據心理語言學（psycholinquistic）的理論，Kirk 和 Kirk（1976）把人類語文活動分成下列三向度：

1. **語言溝通的路線**：包括以聽覺和視覺為主的接收管道，以及以發音器官和動作為主的表達管道。

2. **語言溝通的心理歷程**：包括接收訊息的過程、組織訊息的過程以及表達和應用訊息的過程。

3. **語言溝通的組織**：有關語言溝通的功能層次，包括符號化層次和自動化層次。

人類語文能力的學習基本上乃是循序發展而成的（如圖1-2，1-3）（Myklebust, 1960，引自 Phelps-Gunn & Phelps-Teraski, 1982），其語文發展依序是先從經驗基礎（the experiential base）

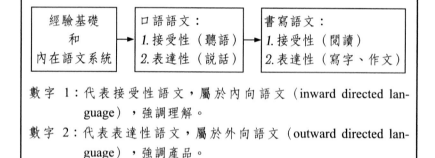

圖1-2　語文發展進階圖（Myklebust, 1960）

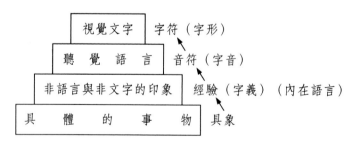

圖1-3　語文能力發展的歷程（Myklebust, 1960）

和內在語言系統（inner language system）開始，再經由口語語文（oral language）（或聽覺語文），包括接受性口語語文（即聽語）和表達性口語語文（即說話），而達成書寫語文（written language）的發展與習得；書寫語文則包括接受性書寫語文（即閱讀）和表達性書寫語文（即寫字和作文）。

　　前文指出，人類的語文系統與語文發展的內涵與過程相當複雜，就語文系統的理論而言，語文的主要內涵包含語法、語意（semantics）和語用（pragmatics）（如圖 1-4 所示）。

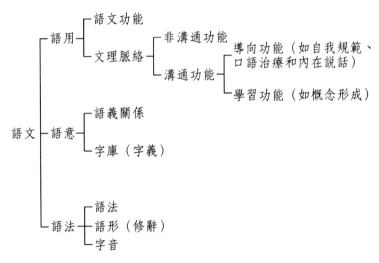

圖 1-4　語文系統的內涵

1. **語法**：包括字音（phonology），語形（morphology），和語法（syntax）。
2. **語意**：包括字庫（lexicon）或字（詞）義和語義關係（semantic relation）。

3.語用：包括文理脈絡（context）和語文功能，諸如溝通功能
與非溝通功能等。

　　書寫語文（written language）協調與統整語文、知覺、動作注
意力以及認知能力，係屬高度複雜的心理動作過程（process）與
活動，屬於人類最高層次的語文成就，也是最後習得的語文形式
（forms）（Myklebust, 1965; Myklebust & Johnson, 1967; Hall,
1981）；書寫語文是一種視─動表達性語言（visual-motor expres-
sive language），乃是人類藉以表達思想、情感等訊息的視覺符號
系統（Myklebust, 1965）。書寫語文係指在社會與生活情境中使用
一種文法規則（Basso, 1974），以社會約定的書寫（或視覺）符
號來表達思想的一種行為（Temple, Nathan, Burris, & Temple,
1988），或記錄與傳遞訊息的一種體系（Adams, 1996），乃是人
類發展出來的獨特的語文技巧之一。因而書寫語文是一種社會性、
建構性和發展性的活動和溝通過程（Cheek, Jr., Flippo, & Lindsey,
1977）。Myklebust（1965）認為語言是符號化行為（symbolic be-
havior），包含抽象思考能力、認識字的形音義，及溝通能力（使
用語文來表情達意的能力）。而書寫語文能力（writtten language）
是複雜的歷程（Copper & Odell, 1978），乃是基於其先前習得的
聽、說、讀等語文能力發展而成的（Myklebust, 1965）。Lerner
（2000）亦認為，書寫語文係連結與統整先前聽、說、讀的學習
與經驗，發展而成的第三種形式的統整語文系統，乃是最高難度
與最複雜的語文系統；從語文發展的序列而言，雖然兒童甚至在
學習閱讀之前即有書寫的行為，但典型上書寫語文仍是兒童最後
習得的語文能力。

　　書寫語文系統有兩大範疇：其一是文字的書寫特性，即不同

文字系統可能使用不同的文字形式（字體）；其二是文字表達（或代表）語言的方式（或層次），亦即有些文字系統的文字代表語言的聲音，而有些文字系統的文字則代表語言的意義（Just & Carpenter, 1987）。書寫語文可分成詞彙、產品（productivity）、理解、文意以及風格等五類（Poteet, 1980）。Smith（1991）認為，書寫語文的主要內涵是書寫的基本規則（the mechanical rules）與觀念層面（the ideational aspect of written language），前者包括寫字、標點符號與文法，而後者則涵蓋內容要義（substance）、產品（productivity）、理解（comprehensibility）、現實（reality）和風格（style）。一般而言，書寫語文能力包含寫字能力和作文能力；寫字能力的主要內涵是書法和錯別字，而作文能力的內涵則涵蓋質與量兩個範疇，質的能力計有寫作的風格、組織、意義（內容、思想、抽象水準）、目的和書法；而量的能力計有字彙知識、語意（semantic）、語法（文法用法）（syntactic）、標點符號、句子（種類、數量）和寫字（錯別字和書法）等（Caplan, 1992; Gleason, 1985; Hall, 1981; Wiig & Semel, 1984）。筆者（民86）曾進行國小一般學童與學習障礙學童寫字和作文兩項書寫語文能力研究，寫字部分僅指錯別字錯誤類型，而作文則指產品（總字數、總句數、平均每句字數）、語法商數、文意層次、句子類型、國字—注音符號字比率、國字錯別字錯誤類型和注音符號字錯別字錯誤類型等。

［第二章］
書寫語文學習障礙的
基本概念

第一節　書寫語文學習障礙的定義與特徵

　　許多學習障礙學生具有書寫語文障礙（Barenbaum, Newcomer, & Nodine, 1987），一般早在學前教育及小學一年級階段的早期書寫語文作業上，即顯現其仿畫、抄寫與寫字等書寫語文的學習困難現象（Bender, 1995），而書寫語文障礙學生的書寫語文溝通困難可能持續至成年（Vogel, 1998; Graham & Harris, 1988; Gerber & Reiff, 1994; Smith, 1991），惟書寫語文障礙不若閱讀障礙般受到重視與廣泛的研究（Bender, 1995; Smith, 1991）。諸多學習障礙學生在書寫語文的習得與使用上有著顯著的困難，對書寫語文障礙的學生而言，書寫是一種工作量繁重、進度緩慢而又錯誤百出的作業。書寫語文學習障礙學生的操作性定義係指在鑑定上必須符合身心障礙及資賦優異學生鑑定標準（教育部，民 95）中有關學習障礙的鑑定規定，諸如差距程度、排他條件與心理歷程等，並且其學習困難顯現在抄寫、默寫、造句或作文等書寫語文的習得與應用上。而精神疾病診斷準則手冊（DSM-IV-TR）（American Psychiatric Association, 2004）的書表達疾患（Disorder of Written Expression）乃是在寫字、寫作等書寫語文能力標準化測驗或功能性評估中，其表現顯著低於其年齡、智力與適齡（年級）教育所預期的程度，並顯著妨害其學業成就或日常生活需要作文活動者。

　　書寫語文障礙學生的特徵主要是：*1.* 欠缺書寫相關能力，諸如適當的聽語、說話與閱讀能力、寫字的先備能力、寫字的基本技巧、書寫語文的知識以及組織與計畫寫作的認知策略等。*2.* 書

寫語文溝通困難（亦即難以透過書寫語文系統進行溝通）。書寫語文障礙學生異於其同儕的特徵，包括下列顯著的書寫語文學習困難和低成就，諸如字詞彙、產品、文思構成、主題成熟度、寫字、文法、文章組織架構、文意一致性、文體寫法、文章寫作能力等（Myklebust, 1973; Smith, 1991）。其書寫作品有著明顯的寫字基本錯誤（mechanical errors），包括錯別字與標點符號的錯誤，以及語句構成的文法錯誤。其書寫語文作品的產品傾向於文章短小，組織架構不佳以及文思不足等（Lerner, 2000）。

一般而言，書寫語文障礙學生的特徵如下（郭為藩，民 67；楊坤堂，民 84）：

1. **聽寫困難**：聽寫有顯著困難，字形字音相似的字容易寫錯，或有漏字現象，很難寫出完整的句子。
2. **書寫混淆**：時常把字形相近的字寫錯而有分辨的困難。例如：把「大、太、犬」、「球、救」等字混淆。
3. **字型顛倒**：經常把字體部分或整個顛倒來寫。例如：上→下，甘→丹，儲→備，都→陼，加→叻。
4. **過目即忘**：抄寫功課時，一再需要對照原文，視覺記憶很差。
5. **左右不分**：經常弄錯左右方向，辨識方位有顯著困難。
6. **注意分散**：上課時，經常容易受無關緊要的外來刺激所影響，不能專心，注意力無法集中。
7. **動作表達性符號能力不足**，其行為特徵是：
   (1)經常寫錯字，字體不成形或漏字。
   (2)無法正確地把想法寫出來（如，辭不達意、文句不通等）。
   (3)寫作時，有組織和形成思想的困難。

我國特殊教育學者林千惠（民 90b）綜合文獻研究（吳錦議

等，民 77；林千惠，民 90a；陳玉英，民 83；曾美惠，民 82；劉興漢，民 76），發現兒童習寫中文字的問題有下列三項特徵：

1. **書寫錯誤類型**：字形錯誤、遺漏或增添部分筆畫、字畫間距或大小不一等。
2. **書寫相關行為**：寫字時注意力不集中、注意力無法持續、寫字速度過慢、粗心草率等。
3. **書寫技巧**：握筆方式笨拙、寫字用力過重、書寫姿勢不良、擦拭塗抹頻率過高、仿寫時回看次數過多等。

Yang（1990）有關國民小學一年級兒童與二年級兒童的書寫語文能力發展類型和錯誤類型的研究結果發現：

1. 國民小學一年級兒童與二年級兒童的書寫語文能力，諸如作文產品（總字數、總句數、平均每句字數）、語法和文意層次均有所差異。
2. 國小一年級兒童和二年級兒童書寫語文能力的發展趨向：
   (1)作文產品、語法商數和文意層次均隨著年齡的增長而發展。
   (2)國小低年級兒童使用句子類型的多寡依序是簡單句、複合句和複雜句。
   (3)國小低年級兒童使用詞類的多寡依序是名詞、動詞和其他詞類。
   (4)國小低年級兒童的國字寫字錯誤類型最常出現的是「近似音字錯誤」。注音符號錯別字的錯誤類型有四：調號的省略、調號的替代、注音符號的替代，和以不同注音符號替代。
   (5)注音符號的錯別字錯誤類型高於國字的錯別字錯誤類型。

楊坤堂（民 86）有關國民小學一、三、五年級一般兒童與國語學習障礙兒童書寫語文能力研究的結果發現，國字錯別字錯誤類型以及注音符號字錯別字錯誤類型如表 2-1 與表 2-2。

表2-1　國小兒童國字錯別字錯誤類型例字一覽表（楊坤堂，民86）

〔注：錯別字（正確字），例：是（事）〕

錯誤類型	例　字
基本單位添加	板(反)、吧(巴)　撑(牽)
基本單位省略	馬(媽)、禺(偶)、朩(姊)、慧(慧)、忄重(懂)、元(玩)、豆(逗)、胎(腳)
基本單位替代	看(看)、看(看)、吹(次)、怖(佈)、另(男)、卓(桌)、色(爸)、操(掉)、壁(壁)、書(書)、起(起)、倚(椅)、椅(椅)、琴(琴)、來(來)、症(症)、漆(漆)、撣(彈)、櫃(櫃)、的(的)、改(改)、殺(殺)、殺(殺)、著(著)、燈(燈)、鋼(鋼)、嬰(嬰)、碗(碗)、洋(洋)、你(你)、根(跟)、拘(狗)、孩(孩)、貪(貪)、春(春)、笑(哭)、放(放)、裡(理)、騎(騎)、份(份)、聊(聊)、佈(佈)、潮(朝)、明(明)、裝(裝)、拼(拼)、照(照)、樂(樂)
基本單位錯置	夕夕(多)、厲(屬)、圉(國)、國(國)
基本單位顛倒	陌(那)、個(個)、吹(知)、屮口(叫)、味(和)、爸(爸)、鞳(鞋)、孜(孩)、陼(都)
基本單位配置不當	媽(媽)、爸(爸)、美(美)、飯(飯)、霖(霖)、想(想)、裡(裡)、班(班)、參(參)、具(具)、慧(慧)、母(母)
筆畫添加	見(見)、媽(媽)、晚(晚)、狗(狗)、送(送)、碗(碗)、們(們)、鋼(鋼)、候(候)、左(左)、影(影)、兒(兒)、辦(辦)、俊(俊)、兇(兇)、湯(湯)、車(車)、道(道)、姊(姊)、房(房)

（下頁續）

（承上頁）

筆畫省略	春(春)、具(具)、苹(華)、申(車)、也(也)、底(底)、跟(跟)、了(子)、狗(狗)、面(面)、大(太)、派(派)、洒(酒)、享(事)、汽(汽)、鞋(鞋)、給(給)、定(定)、學(學)、鍾(鍾)
筆畫錯置	小(小)、子(子)、合(今)、看(看)、説(説)、找(我)、狗(狗)、物(物)、个(小)
筆畫顛倒	併(併)
同音字	是(事)、快(筷)、以(已)、目(木)、叫(覺)、加(家)、不(部)、完(玩)、玩(完)、台(96.)、貴(櫃)、種(總)、胡(蝴)、托(託)、十(時)、化(話)、和(盒)、坐(做)、動做(動作)、操做(操作)、候(後)、海有(還有)、象(像)、遇(慾)、使中(始終)、思文(斯文)、不(布)、在(再)、再(在)、他(它)、托(託)、道(到)、拌(辦)、哇(蛙)、第(地)、枝到(知道)、功做(工作)、製造(製作)、形(型)、生(聲)、剛(鋼)、自(字)、停(亭)、明(名)、氣(汽)、獅(師)、媽(嗎)、有(友)、趕(敢)、徒(突)、為(位)、是(事)、是(視)、是(式)、事(視)、不意樂呼(不亦樂乎)、烈(列)、輝(揮)、們(門)、搭應(答應)、歌(哥)、潮(朝)、休裡(修理)、的(地)、一搧門(一扇門)、朗(朗)、元(原)、製(置)、屁(癖)、義意(意義)、苦腦(苦惱)、像(向)、祕(密)、飛(非)、究(就)、露(陸)、做(坐)、簡(儉)、準(准)、美(每)、公(功)、中(鐘)、休(修)

（下頁續）

（承上頁）

近似音字	一（椅）、音文（英文）、你ㄨˋ（禮物）、ㄊㄤ紙（湯匙）、的（得）、個來（過來）、哪（那ㄋ）、那（拿）、座（桌）、得（的）、著（這）、因改（應該）、應（印）、相（箱）、字（制）、子（紙）、以（衣）、据（繼）、了（聊）
以他字替代	七（机）、明（名）、明（朋）、辨（辦）、根（很）、存（在）、可（好）、聽（聲）、苦懂（古董）、臣（巨）、這（著ㄓㄜ）苦（古）、班（幫）、載（戴）、脛（脖）、掛（襪）、具（真）、見（具）、乾（幹）、亮（興）、賣（買）、很（糞）、量（理）、看（春）、那（然）、去（續）、清（心）、居（具）、綠（錄）、方（有）、仗(附)、**轞**(鞋)、**車**（車）、**崔**(舊)、**薰**（綜）、**孑**（子）
完全鏡寫	**兒**（房）、**毛**（手）
部分鏡寫	**旬七**(狗)、**才**（牙）、**牆**(牆)、**瑋**(瑋)、**媽**（媽）、**彩**(漂)

表 2-2 國小兒童注音符號字錯別字錯誤類型例字一覽表
（楊坤堂，民 86）

〔注：錯別字（正確字），例：ㄎㄨㄞ（開ㄎㄞ）〕

錯誤類型	例　　字
注音符號添加	ㄎㄨㄞ（開ㄎㄞ）、ㄒㄩㄣ（許ㄒㄩ）、ㄇㄜˊ（模ㄇㄛ）、ㄓㄜˋ（著ㄓㄜ）、ㄉㄥㄨㄥ（燈ㄉㄥ）、ㄆㄥˊ（朋ㄆㄥ）、ㄇㄜˊ（摩ㄇㄛ）

（下頁續）

（承上頁）

注音符號省略	ㄑ（琴ㄑㄧㄣˊ）、ㄌㄥ（龍ㄌㄨㄥˊ）、ㄇㄥ（明ㄇㄧㄥˊ）、ㄉㄢ（電ㄉㄧㄢˋ）、ㄓㄨ（桌ㄓㄨㄛ）、ㄓㄥ（種ㄓㄨㄥˇ）、ㄝ（且ㄑㄧㄝˇ）、ㄋㄥ（弄ㄌㄨㄥˋ）、ㄉㄢ（電ㄉㄧㄢˋ）、ㄏㄨㄚ（話ㄏㄨㄚˋ）
注音符號替代	ㄇㄣ（明ㄇㄧㄥˊ）、ㄋㄣ（能ㄋㄥˊ）、ㄐㄝ（覺ㄐㄩㄝˊ）、ㄓㄛ（做ㄗㄨㄛˋ）、ㄓㄨ（組ㄗㄨˇ）、ㄖㄢ（然ㄖㄢˊ）、ㄙㄥ（送ㄙㄨㄥˋ）、ㄈㄥ（放ㄈㄤˋ）、ㄍㄥ（更ㄍㄥˋ）、ㄒㄧㄝ（諧ㄒㄧㄝˊ）、ㄏㄜ（和ㄏㄜˊ）、ㄘㄥ（從ㄘㄨㄥˊ）、ㄔㄥ（稱ㄔㄥ）、ㄉㄥ（動ㄉㄨㄥˋ）、ㄑㄣ（親ㄑㄧㄣ）、ㄓㄥ（正ㄓㄥˋ）、ㄐㄥ（經ㄐㄧㄥ）、ㄆㄣ（拼ㄆㄧㄣ）、ㄗㄟ（最ㄗㄨㄟˋ）、ㄓ（子ㄗˇ）、ㄗㄨㄛ（桌ㄓㄨㄛ）、ㄑㄧ（機ㄐㄧ）、ㄒㄥ（心ㄒㄧㄣ）、ㄥ（因ㄧㄣ）、ㄊㄥㄑㄧ（彈ㄊㄢˊ琴ㄑㄧㄣˊ）、ㄍㄥ（鋼ㄍㄤ）
基本單位顛倒	ㄢ（飯ㄈㄢˋ）、ㄑㄥ（情ㄑㄧㄥˊ）、ㄉㄥ（燈ㄉㄥ）、ㄥ（影ㄧㄥˇ）、ㄇㄣ（門ㄇㄣˊ）、ㄒㄤ（像ㄒㄧㄤˋ）、ㄤ（樣ㄧㄤˋ）、ㄔㄤ（常ㄔㄤˊ）、ㄛ（偶ㄡˇ）、ㄌㄥ（領ㄌㄧㄥˇ）、ㄠ（照ㄓㄠˋ）、ㄋㄢ（男ㄋㄢˊ）、ㄑㄧ（機ㄐㄧ 器ㄑㄧˋ）
鏡寫	ㄤ（房ㄈㄤˊ）、ㄚ（發ㄈㄚ）
異符替代	ㄊㄥ（彈ㄊㄢˊ）、ㄐㄩㄝ（覺ㄐㄩㄝˊ）、ㄒㄧ（汽ㄑㄧˋ）、ㄊㄜ（所ㄙㄨㄛˇ）、ㄐㄝ（給ㄍㄟˇ）、ㄨ（外ㄨㄞˋ）、ㄋㄠ（鬧ㄋㄠˋ）、ㄌㄡ（樓ㄌㄡˊ）、ㄋㄧ（裡ㄌㄧˇ）、ㄏㄡ（後ㄏㄡˋ）、ㄗㄨㄢ（賺ㄓㄨㄢˋ）、ㄐㄩ（矮ㄞˇ）、ㄑㄥ（輕ㄑㄧㄥ）、ㄒㄤ（想ㄒㄧㄤˇ）、ㄊㄝ（貼ㄊㄧㄝ）、ㄓㄜ（著ㄓㄨˋ）、ㄒㄤ（箱ㄒㄧㄤ）、ㄦ（而ㄦˊ）、ㄒㄝ（鞋ㄒㄧㄝˊ）、ㄐㄠ（腳ㄐㄧㄠˇ）、（ㄗ）、（ㄗ）、（ㄔ）

（下頁續）

（承上頁）

調號添加	ㄏㄜ（喝ㄏㄜ）
調號省略	ㄊㄢ（彈ㄊㄢ）、ㄗ（子ㄗ）、ㄧ（以ㄧˇ）、ㄧ（倚ㄧˇ）、 ㄆㄥ（朋ㄆㄥ）、ㄇㄠ（帽ㄇㄠ）、ㄌㄥ ㄐㄧㄢ（零ㄌㄥ 件ㄐㄧㄢ）、 ㄗㄨㄟ（最ㄗㄨㄟ）、ㄈㄨ（扶ㄈㄨ）、ㄒㄧㄤ（想ㄒㄧㄤ）、ㄓ（直ㄓˊ）、 ㄊㄠ（討ㄊㄠ）、ㄅㄚ（吧ㄅㄚ）
調號替代	ㄊㄨ（土ㄊㄨ）、ㄊㄨ（土ㄊㄨ）、ㄋㄚ（拿ㄋㄚ）、ㄗ（子ㄗ）、 ㄊㄡ（頭ㄊㄡ）、ㄇㄟ（沒ㄇㄟ）、ㄙㄡ（捜ㄙㄡ）、ㄧㄤ（洋ㄧㄤ）、 ㄐㄧ（積ㄐㄧ）、ㄐㄧ（幾ㄐㄧ）

第二節　書寫語文學習障礙的成因與類型

　　複雜的書寫過程對很多兒童形成難題，許多學習障礙兒童在兒童早期即顯現書寫語文障礙，而研究與臨床觀察的結果指出，學習障礙兒童與學習障礙成人經常遭遇書寫語文的困難（Alley & Deshler, 1979; Cicci, 1980; Graham & Harris, 1988; Gerber & Reiff, 1994; Johnson & Blalock, 1987; Johnson & Myklebust, 1967; Vogel, 1998）。有關書寫語文障礙的成因存有不同的論述，國外有學者主張視—知覺觀（visual perceptual perspective），認為書寫困難屬於深層的神經或視覺過程能力症候群；有學者倡導技巧欠缺或行為觀（skill-deficit or behavior perspective），強調書寫困難可經由行為增強的技巧教學加以解決（Bender, 1995）；亦有諸多學者分

別提倡語文學習與發展觀以及認知策略觀（Cegelka & Berdine, 1995）等。

Cegelka 和 Berdine（1995）提出下列書寫語文障礙的成因：

1. 學校課程欠缺書寫語文技巧的精準教學。
2. 學校書寫語文技巧教學的時數不足。
3. 學校教師欠缺書寫語文技巧教學的勝任能力。
4. 學生口語與閱讀等語文能力發展不佳以及語文成就低落。
5. 過度強調書寫基本技巧（或機械性技巧）（mechanical skills）教學，而忽略重要的認知操作能力的教學。
6. 學生先前不適當的思考技巧和書寫策略。

林千惠（民 90b）歸納相關文獻，提出學童寫錯字的三大項原因：

1. 寫字先備能力（含認知發展、知動發展、社會／情緒發展、學習適應及其他）。
2. 兒童本身因素（含認知能力、學習習慣與知動發展）。
3. 外在環境因素（含中文字詞特性、教材／印刷文件、教學方法及父母管教方式）。

Lerner（2000）認為，書寫語文障礙的主要成因包括聽語、說話、閱讀的學習與經驗不足，統整視覺記憶力、動作記憶力與眼—手協調關係能力不佳，以及寫作的認知策略欠缺等。根據Myklebust（1965）的看法，書寫語文的發展取決於聽語理解、說話和閱讀的能力。書寫能力的發展過程牽涉到下列技巧：諸如寫字、字彙、造句、文法、思想（Morris & Crump, 1982）以及抽象的溝通能力。亦須聯合運用語文、知覺、動作、注意力和認知能力（Myklebust & Johnson, 1967），也需要兒童把語文理解、推理、表達技巧轉

譯成文字符號（Smith, 1991）。

　　兒童的書寫語文障礙與兒童本身的注意力、知覺問題、記憶力、語文問題、動作能力、抄寫能力、思考、問題解決，以及社會互動等問題有關（Bender, 1995; Lerner, 2000; Kirk, Gallagher, & Anastasiow, 2000; Phelps-Gunn & Phelps-Teraski, 1982; Smith, 1991; Ysseldyke & Algozzine, 1995）。書寫語文表達需要合適的聽覺、視覺、動作和視覺—動作統整技巧，書寫動作需要一系列的統整的視覺能力以及視覺—（精細）動作技巧協調能力；視覺和動作系統均必須各自健全與彼此有效地連結與統整；而寫作需要讀者感以及適當質量與程度的作文產品（Phelps-Gunn & Phelps-Teraski, 1982）。兒童在有能力閱讀之前，先需要熟記相當數目的國字，而且國字的複雜性對早期的寫作也造成相當可觀的障礙。

　　就語文發展的過程而言，根據Myklebust（1965）的研究，個體語文行為的發展過程與個體的學習機會、心理動力因素、末梢神經系統功能，及中樞神經系統功能等因素有關。

　　1. **學習機會**：文化不利兒童（culturally disadvantaged children）從小得不到適當與充分的練習及模仿說話的機會，而顯現語言發展欠佳的現象。

　　2. **心理動力因素**（psychodynamic factors）：影響兒童語言發展的心理動力因素有：

　　　(1)語言認同作用（identification）——由認同作用而得到回饋，使得在語言學習上有動機因素存在。

　　　(2)語言內化作用（internalization）——兒童將其經驗和代表該經驗的符號連結在一起，使抽象的符號內化為自己的表達工具。

(3)語言同化作用（assimilation）──由於語言的認同與內化作用的發展，而統整語言及其意義，使語言組織化，更具有概括性的作用。如果同化作用發展不順利的話，則知覺化作用（perceptualization）及符號化作用（symbolization）的過程也會受到影響。

3. **末梢神經系統功能**：學習須先透過個體的感覺接收器官進行資訊的接收，進而傳送到中樞神經系統進行統整，再行傳遞出去。換言之，若輸入系統（input system）機能受到阻礙，則學習會連帶受到影響。所以，末梢神經系統與中樞神經系統的機能不能相互配合時，則對外界訊息的接收會出現：資訊短缺（under loading）的刺激不足，無法引起個體的反應或延宕反應；或出現資訊超載（over loading）的刺激過多，而發生個體無從選擇與承受的現象。因此，末梢神經系統發展欠佳會影響兒童接收與處理外界訊息的能力。

4. **中樞神經系統功能**：學習除了需要有良好的輸入系統及輸出系統（output system）之外，尚需要有健全的中樞神經系統。Myklebust（1965）認為，正常的腦功能是由半自動系統（semi-autonomous system）所組成的，也就是須透過感覺系統中的視覺、聽覺及觸覺等系統相互配合、統整與協調，而獲得良好的學習效果。

簡而言之，從心理動力的因素來看，人類的語言學習是透過語言的認同作用（由認同作用而得到回饋，使得在語言學習上有動機因素存在）、內化作用（internalization）（兒童將其經驗和代表該經驗的符號連結在一起，使抽象的符號內化為自己的表達工具）和同化作用（assimilation）（由於語言的認同與內化作用的

發展，而統整語言及其意義，使語言組織化，更具有概括性的作用）過程而發展完成的。若從末梢神經系統的功能來看，語言行為的發展階段是循著聽覺性的接收語言的發展→聽覺性的表達語言的發展→視覺性的接收語言的發展→視覺性的表達語言的發展順序而完成的。依此理論，兒童的語言發展順序是由內在語言能力進入理解說話的能力（聽）、說話能力（說）、閱讀能力（讀）、書寫能力（寫），最後到達語言與符號化行為的能力（Johnson & Myklebust, 1967; Myklebust, 1973; Johnson & Blalock, 1987; Gundlach, 1982; Litowitz, 1981; Temple, Nathan, Burris, & Temple, 1988; Gleason, 1985；楊坤堂，民 84）。

Caplan（1992）主張從語文結構和語文歷程兩種層面與範疇來研究語文障礙。兒童在把觀察外界所獲得的諸多認知與感受，在轉化為語文的過程中，通常表現有限的字彙和語句。換言之，從知覺（perception）轉化成字詞的過程中，語文過濾了經驗的部分細節，而不適當的過濾乃是語文障礙的原因之一（Landau, 1994）。

Gleason（1985）認為兒童的語文障礙主要有二：

1. 語文勝任能力不足（linguistic competence）：亦即語法規則（syntactic rules）能力的欠缺。

2. 溝通勝任能力不足（communicative competence）：亦即無法依據社會規則使用語文（pragmatics），而溝通勝任能力是語文發展的目標。

一般而言，語言的發展在學前階段已完成，然而由於文化不利、生理或心理因素，導致一些兒童在語言發展上有遲緩的現象。語言是形成概念所必備的抽象作用的能力（Vygotsky, 1978; Day,

1983; Brumer, 1963; Harris & Sipay, 1985），若語言發展不成熟，則一切的學習活動都會受到阻礙。兒童必須具有智力、動作（motor）能力、感官能力和社會─情緒成熟，才能習得寫字與作文的書寫語文技巧。兒童由於語文學習序列的障礙、末梢神經系統的不健全、中樞神經系統的損傷或功能失常、情緒障礙或欠缺學習機會等因素的一項或多項特定障礙，可能產生下列的書寫語文障礙：內容、字彙、語法、組織或寫字技巧的不足。Lundsteen（1976）亦主張，書寫語文是高難度的語文技巧，也是相當複雜的心理動作過程，兒童須：1.具備高層次的抽象思考能力，2.提高自我責任的水準，3.自我動機的成熟，和4.寫作所需的勝任能力，才能學習書寫語文。上述條件的欠缺可能導致寫作技巧落後六至八歲。

　　Johnson 和 Myklebust（1967）認為，書寫語文的四項基本先備能力（basic prerequisites）是：聽覺過程（processing）、視覺過程、動作（motor）技巧和內在語言。

　　1. **聽覺過程**：包括聽覺記憶力、拼音能力（含複誦、分析與綜合）、聽覺區別能力、聽從指令，和感官資訊的交換轉型。

　　2. **視覺過程**：包括導向能力和掃描能力、視知覺能力、視覺記憶力，和意象。

　　3. **動作能力**：包括粗大動作與精細動作及其協調與統合能力。

　　4. **內在語言歷程**：包括語言語意的心智系統和生活經驗。

　　基於此，Johnson 和 Myklebust（1967）把書寫語文障礙分成兩種基本類型：一是其他基層語文（含內在語言、聽、說或讀能力）的障礙所導致的書寫語文障礙；一是「純粹」書寫語文障礙，諸如寫字困難症（dysgraphia），視覺再生能力問題（revisualization problems）、語法障礙和溝通障礙等。

［第三章］
書寫語文能力與障礙的研究

　　本章的目的在回顧與探究國內外有關書寫語文能力與障礙研究的文獻。由於我國有關兒童書寫語文的研究偏重於教材教法，因而，在文獻探討上較難發現到有關產品（作文數量）（productivity）、語法（造句法）（syntax）或文意水準（level of abstraction）的研究報告。因此，除了作文產品、字彙與錯別字的研究外，其他書寫語文能力層面的研究文獻則採用美國的書寫語文能力的研究。

　　本章分為六個部分說明：一是探討書寫語文作文產品的研究結果；二是探究書寫語文語法（造句）的研究結果；三是討論書寫語文文意水準的研究結果；四是研討書寫語文錯別字錯誤類型的研究結果；五是探討字彙的研究結果；六是研究兒童的書寫語文能力與障礙。

第一節　書寫語文作文產品的研究

　　流利（fluency）是評量學生書寫數量的方法之一（Cartwright, 1965，引自 Minner et al., 1989）。書寫流利常見的評量法是平均句子長度（Average Sentence Length; ASL），或是圖片故事語文測驗—作文產品量表（PSLT Productivity Scale）（Myklebust, 1965）。平均句子長度係計算單一書寫個案的作文字數和句數，再將字數除以句數；其例子與公式如下：

字數＝ 42，句數＝ 5
字數（42）妶句數（5）＝ 8.40（ASL）

　　Cartwright（1968）發現，八歲非殘障孩童的平均句子長度是八個字。平均句子長度每年大約增加一字，直至十三歲。此初步原則亦可用以評量殘障孩童的平均句子長度。一般而言，較長的句子長度意味更精緻的寫作（Polloway & Smith, 1982，引自 Minner et al., 1989）。Myklebust（1965）以圖片故事語文測驗（Picture Story Language Test; PSLT）評量總字數和每句平均字數，來研究兒童的作文產品（productivity）。他表示兒童的語言行為隨年齡而增長。其故事寫作研究顯示，三種評量中（即總字數、總句數和每句平均字數）以每句平均字數最為穩定，且隨年齡持續增加，直至十七歲。每篇故事的總字數快速增加，直至十三歲，其後增長速度稍緩，直至十七歲。

　　Tuana（1971）對烏拉圭二至六年級的七八一位學童（四一三位男生、三六八位女生）施行PSLT，結果顯示，烏拉圭七歲學童每個故事的字數比美國同年齡的學童還多；但九歲和十一歲的學童則無差異。至於每個故事的總句數則相同。

　　Myklebust（1973）綜合其本身研究（1965, 1967）和 Tuana 的研究（1971），提出：當孩童習得書寫語言（不論西班牙文或英文）後，起初他們寫些短的句子，然後逐漸有愈來愈長的句子。這種書寫語文能力的發展趨勢其增長率是每年每個句子增多一個字（Myklebust, 1973）。

　　Poteet（1978）以八十五名學習障礙和一二五名非學習障礙小學生為對象，取得 PSLT 寫作樣本，其研究報告指出，非學習障礙學生的寫作字數是學習障礙學生的兩倍。Allred（1984）亦使用PSLT來比較學習障礙學生和非學習障礙學生的四、五、六年級男生作文樣本，其結果與 Poteet 相似。Angiuli（1985）分析四二六

名三至五年級學生的看圖寫作發現，不同年級群組在作文產品（productivity）和作文長度有很大的差異。

　　Johnson 和 Grant（1989）對二九三名正常學生（九十一名一年級，一一二名二年級，九十名三年級）施行 PSLT（Myklebust, 1965）。結果指出，總字數的平均值一年級為十六‧八五字，二年級增為四十五字，三年級增為九十一字。總句數的平均值亦顯示出與總字數相似的增長形式與發展類型。

　　Johnson 和 Grant（1989）以閱讀能力為基礎，比較了一年級普通學生和學習障礙學生（閱讀程度低落者）的寫作表現，結果顯示在作文產品方面並無顯著差別。他們推斷此係起因於年齡差異。三年級的學習障礙學生雖然年紀較大，但卻以一年級的程度閱讀。

　　學習障礙成人的作文產品也是有限的（Herbert & Czerniejewski, 1976; Johnson & Blalock, 1987）。Johnson 使用 PSLT 的研究結果指出，「他們使用的字數和句數比高中生還少，最差的閱讀者所寫的故事，其程度低於七歲孩童的百分位數三十五」（Johnson & Blalock, 1987, p.194）。

第二節　書寫語文語法（或造句法）的研究

　　語法是書寫表達的一個重要層面，也常被用作書寫語文發展的一種指標。「兒童語言發展的研究結論之一是，隨著歲月的增長，兒童愈常使用更複雜的語法結構（syntax structure）」（Golub & Kidder, 1974, p.1128）。

　　多年以前，公認亟需一個客觀而可靠的兒童語言發展的指標，因此，Hunt（1965）提出 T-unit（minimal terminable unit）為造句發展指標。T-unit 被定義為「表達的基本單位，由單一的主要子句和所有的附屬子句組成」（Hunt, 1965, p.20）；或者「附加上非子句結構（nonclause structure）而組成」（Hunt, 1970, p.4）。可以用每 T-unit 的字數、每 T-unit 的子句數和每子句數的字數來評量語法（Klecan-Aker, 1985）。

　　Hunt（1965）的書寫作文造句複雜性的發展之研究出版後，許多研究者重複發現 Hunt 的研究結果：書寫作文的 T-unit 的平均長度隨年紀增加（Blount, Johnson, & Gredrick,1986；Braun & Klassen, 1973; Loban, 1976; O'Donnell, Griffin, & Norris, 1967; Veal, 1974; 引自 Crowhurst & Piche, 1979）。Hunt 的研究被視為造句發展的準則（Comba, 1975; Millon, 1969; O'Hare,1973; Stotsky, 1975; 引自 Crowhurst & Piche, 1979）。

　　Miller（1985）發現，閱讀障礙和閱讀正常的男孩之間的 T-unit 數值並無差異。然而，Angiuli（1985）宣稱三年級和五年級的學生之間對於 T-unit 的使用和五個語言結構（包括附屬子句、關係子句、複合句、複雜句和複合—複雜句）都有顯著差異。

　　Stuckless 和 Marks（1966）發展出一種評量書寫語文結構的技術，稱為文法正確率（Grammatical Correctness Ratio; GCR）（引自 Minner et al., 1989）。其公式與例子如下：

總錯誤數＝ 8，總字數＝ 42

$$\frac{總字數—總錯誤字數}{總字數} \times 100 = 80.95（GCR）$$

　　實際上，GCR 和 Myklebust（1965）的 PSLT Scale 相似。

　　Myklebust（1965）發展出語法量表（Syntax Scale），用來調查七至十七歲正常學生的書寫語法發展，結果指出，七至九歲的語法成長較快，九至十一歲次之，十一至十三歲為停滯期，十三歲之後有極少的成長。因此，大約在四年級的時候，正常學生應該已經獲致大部分的語法發展。Myklebust 指出，大約在十一歲之後，總句數的發展停滯。在此時，複雜句（complex sentences）已達至成熟，只剩下句子中的字詞數量會繼續增加。

　　不少研究認為，75 ％至 85 ％的學習障礙兒童有語言處理問題，而且與書寫造句能力顯著相關（Morris, 1979）。學習障礙的學生通常缺乏組織技巧，以及書寫語法正確的完整句子。Myklebust（1973）發現，學習障礙學生與同年齡者相比較，在語法和語意（ideation）上的得分相當低。

　　Golub 和 Frederick（1971; 引自 Morris & Crump, 1982）發展出語法成熟度的測量法，稱為 Syntactic Density Score（SDS）。Chatterjee（1983）觀察三、五年級的學習障礙學生和一般學生的書寫造句的差異和發展趨勢，指出 SDS 在三年級和五年級的兩群組中差別很小。然而，Morris（1979），以及 Morris 和 Crump（1982）指出，SDS 於四個年齡組（九歲至十歲六個月；十歲七個月至十二歲；十二歲一個月至十三歲六個月；十三歲七個月至十五歲）的學習障礙和非學習障礙學生之間差別顯著；且於各年齡組的學習障礙和正常學生之間皆發現有語法發展的趨向。

　　Poteet（1978）使用 PSLT，研究八十五名學習障礙兒童和一二五名非學習障礙兒童的語法能力，發現兩組皆犯有相同的錯誤類型；然而兩組所犯的語法錯誤的次數有顯著差別。Allred

（1984）使用PSLT來研究四、五、六年級的學習障礙與非學習障
礙男生的書寫造句；其結果與 Poteet（1978）相同。據此，Allred
表示，學習障礙學生比正常學生需要更多書寫語文技巧的密集教
導。

　　如前文所述，Johnson 和 Grant（1989）使用PSLT研究二九三
名一至三年級的正常學生，發現語法商數（Syntax Quotients）隨
年紀增長。平均語法商數一年級為九十二‧一八，二年級增為九
十四‧二三，三年級更增為九十五‧九四。Johnson 和 Grant
（1989）以閱讀能力為基礎，比較了一至三年級一般學生和學習
障礙學生（閱讀程度低落者）的寫作表現，結果顯示在語法方面
有顯著差別。正常學生有 75 ％的錯誤是由於發音錯誤，同時閱讀
程度差者顯現更多的文法錯誤，尤其是字尾的疏漏。

第三節　　書寫語文文意層次的研究

　　Olson（1977）表示，書寫語文是「表達意義的自律系統（au-
tonomous system）」（引自 Gundlach, 1982, p.133）。書寫樣本的
內容被認為是文意思想（ideation）。Polloway 和 Smith（1982；引
自 Minner et al., 1989）認為，文意思想是「真實表達的基石，在
評量過程中應該被視為關鍵性的考量」（p.348）。評量書寫樣本
的內容應注意評量的客觀性。Hall（1981）表示，思想、內容和
文意層次（level of abstraction）是最難測量的。然而，孩童書寫語
文的測量，內容的評量是必需且重要的。例如，注重作文內容可
以激勵那些有好點子、但缺乏寫作技巧的孩童把好點子表達出來。

一般而言，我國中小學學校教師批改作文時，主要以內容或文意為評分依據。在美國，Polloway 和 Smith（1982）建議教師每次在評量作文內涵時，要考慮以下五項問題（引自 Minner et al., 1989, pp.77-78）：

1. 寫作樣本與指定題目是否相關？
2. 寫作樣本是否代表原創性想法？
3. 學生的個人觀點有否表達於樣本中？
4. 是否合乎邏輯且條理清晰地表達其觀念？
5. 學生是否對此題目有興趣？學生是否被激發將觀念書寫表達出來？

　　Johnson 和 Myklebust（1967）指出，作文的內涵不足是兒童書寫語文能力最嚴重的問題之一。Myklebust（1967）指出，當兒童看圖作文的內涵愈描述刺激圖上可觀察的人物事情，它就愈被認為是具體的；它愈與刺激圖上可觀察的人物事情分離，它就愈被認為是抽象的。具體的表達包括與經驗有關的描述性字詞、片語和句子。抽象的語言由隱喻、寓言和有情節或主題的故事所構成。

　　以 Goldstein（1948）、Hinsie 和 Campell（1960），和 Oleron（1953）對抽象所下的定義為基礎，Myklebust（1965）發展出 PSLT 的 Abstract-Concrete Scale（文意量表），它包括四個層級：具體—描述，具體—想像，抽象—描述，抽象—想像，用以分析孩童的書寫能力，結果顯示女性在七至十五歲以及男性在七至十七歲時，逐漸增加使用抽象的文意。Myklebust（1973）指出，所有的障礙群組（包括聽障、智障、情緒障礙、語障以及學習障礙類型）「與正常者相較之下，其抽象文意是不足的」（p.135）。

其他研究亦認同此一結論。例如，Burnley（1982）的研究顯示，文意的表達是小學四、五年級的學習障礙學生最嚴重的問題；而學習障礙學生在書寫語文的主題成熟度（thematic maturity）上有明顯的差異。Johnson指出，學習障礙成人的文意得分都低於平均分數。他們所寫的故事都是具體─描述或具體─想像的內涵（Johnson & Blalock, 1987）。

前文指出，我國書寫語文研究偏重於寫字和教學方法，較少語文發展的研究。然而，教育部（民70）的報告指出，一九七三至一九七九年間，國小學生的書寫語文能力在語言結構和修辭（例如字詞的選用、造句、文法）方面，已符合政府所要求的水準；不過，在內容、文意和組織（例如作文綱要）方面，並未達到水準。因此，似可推論我國兒童的自發性寫作在某些方面是相對的薄弱。儘管如此，這仍有待進一步的研究驗證。

第四節　書寫語文寫字錯誤類型的研究

一、我國一般兒童的寫字錯誤類型之研究

柯華葳（民74），柯華葳、尹玫君（民76）以造詞方式，探討我國國小一至六年級兒童常用的字及生字難度，藉以分析兒童認識生字與書寫生字的方法。其研究對象是全省二十個縣市的二十多所國民小學一至六年級學生三萬七千二百人。研究工具為造詞作業單，造詞所用的字是國立編譯館於民國五十六年公布的「國

民小學常用字彙研究」中的四七〇八個字，研究方法是每個字每
個年級有一百位學童看過並作答，學生作答方式是先注音再造詞。
以一年級兒童的造詞測驗為例說明柯華葳的研究：研究對象是台
灣省二十縣市六一三七位一年級的學生，使用工具包含六十二份
的造詞作業單，涵蓋了常用的一千五百個中文字。每份作業單由
九十六個常用字構成，供一百個學生填寫。每位學童填寫一份造
詞作業單；首先，學童先以注音符號寫出每個字的發音，然後再
對每個字造一個詞寫下來。六一三七組的作業單用以分析書寫的
錯誤，然後再根據類型分類。

　　根據研究結果，柯華葳（民74）假設學童援用四種主要線索
來決定新（不熟悉）字的意義，因而產生四種書寫上的錯誤：

1. 字本身所提供的認字線索造成的錯誤（本文簡稱為文字內部
   線索）

   (1)形的聯想：兒童因字形相似而聯想到其他的字。A.有邊取
      邊。B.部分字形相似的聯想。

   (2)音的聯想：兒童因字音的相同或相近或方言的影響而聯想
      到其他的字。

   (3)形與音皆相近的聯想：兒童因字形與字音相近而誤認與寫
      錯的字。

   (4)義的聯想：兒童因字本身的含義聯想到另一字而造成的錯
      誤。

   (5)形與義皆相近而有的聯想。

   (6)音與義皆相近而有的聯想。

   (7)形、音、義皆相近而有的聯想。

   (8)兒童連續使用形、音、義兩種以上線索所造成的錯誤。

2.上下文所提供的認字線索而造成的錯誤（本文簡稱為文字外部線索）

(1)詞中字上下顛倒的使用。

(2)上下文中字的顛倒使用。

3.上述 1 和 2 兩種以上的線索同時出現在一個字的認字過程中而造成的寫字錯誤

(1)先形而後詞中字上下顛倒造成的錯誤。

(2)先音而後詞中或文中字上下顛倒造成的錯誤。

(3)先詞中上下顛倒而後依音的線索而造成的錯誤。

4.其他（所有無法分析或歸類者）

　　柯華葳（民 74）指出，一年級學生的錯誤常是由於援用字形線索（相似字）（62.54%）；再來是字形線索與字音線索之間、字形與字義之間，或者字音線索與字義線索之間的互動暗示（17％）；字音線索（14.68 ％）；文字外部線索（4.95 ％）；其他（0.65 ％）；字義線索（0.18 ％）。基於上述的認字分析，柯華葳（民 74）假設：學童在面對新字或生字之初，援用字形線索以決定其意義。其次，若存在有字音線索，則學童忽略字形線索，而以字音線索來猜測其意義。最後，若存在有語文外部線索，則學童忽略字形線索，而由前後文猜測該生字的意義。

　　由於柯華葳（民 74）的研究係提供常用字供一年級學生抄寫，因而無法反映學童自發性的書寫錯誤。其有關學童生字指認方法的假設，仍有待與受試兒童個別晤談，藉以驗證學童如何認字，並寫出該字。由於柯華葳的研究是台灣中文寫字錯誤的主要研究之一，其發現是研究與分析中文寫字錯誤類型的重要參考之一。

　　然而，本研究採用了較通用的術語，例如， *1.* 字形暗示（相似字）的錯誤相近於書寫相同或相近發音的字，和以其他字代替； *2.* 互動式暗示（介於字體暗示與發音邏輯暗示之間，字體暗示與同義暗示之間，或者發音邏輯暗示與同義暗示之間）的錯誤亦相近於書寫相同或相近發音的字，和以其他字代替； *3.* 發音邏輯暗示相近於書寫相同發音的字； *4.* 同義暗示和文字外部暗示則相近於以其他字代替。

　　Chi（1989）完成了針對我國兒童早期識字的研究。Chi 的研究目的是要調查華語兒童早期識字的學習過程中，其早期書寫及閱讀的模式和策略。以十九位三至六歲兒童，選自四所台北市的國小及幼稚班，進行一系列研究活動，包括無中斷寫作、個別單字的聽寫、個別的閱讀，及閱讀一篇故事。在此僅引用其與早期書寫相關之部分：首先，我國兒童在書寫一個單字時，會援用一些視覺辨識規則，包括：筆畫和字部的數量、字部的空間組織、以外形為對比的筆畫、以筆畫為對比的字，和筆畫的組合。其次，我國兒童援用語意的（semantic）、視覺的（全視覺表徵）、語用，和語音（phonetic）的策略（即國語注音符號和／或同音字），在書寫時交替援用。

　　基於上述的書寫策略，我國兒童顯現以下的書寫錯誤類型（Chi, 1989）：

　　1. 依其發音書寫（包括以同音字和國語注音符號書寫）。

　　2. 依其外形書寫（使用筆畫組合和字部的空間組織來寫造字）。

　　3. 以圖畫來書寫（畫個小圖騰或一張畫）。

　　4. 以姓來代替每個字或詞（每個字皆使用其姓）。

　　5. 以外形做筆畫對比（以一些外形之有無，做筆畫之對比）。

6. 以筆畫做字體之對比（以一些筆畫之有無，做字體之對比）。

7. 筆畫組成的方式（以筆畫組成的方式，做字體之對比）。

　　上述的書寫錯誤之中，有兩型並未發生於本研究中，即以圖畫來書寫（畫個小圖騰或一張畫），和以姓來代替每個字或詞（每個字皆使用其姓）。本研究改以寫同音字取代依其發音書寫；以筆畫或部首的增加、減少或替代取代依其外形書寫；以不同的字替代取代以筆畫做字體的對比，和筆畫組成的方式。

　　此外，Chi（1989）還指出，中國兒童早期書寫的發展類型由以下階段組成：

1. 塗鴉。

2. 使用姓來書寫每個字或詞。

3. 圖騰式的圖形書寫。

4. 圖形自創書寫。

5. 具些微可辨識特性的自創書寫。

6. 具可辨識特性的自創書寫，包括位置錯誤的字，由相似數目或外形的字部所組成的字，或可辨識的字。

7. 筆畫多增或缺少，或者錯誤。

8. 寫同音字。

9. 寫注音符號。

10. 正確書寫。

　　Chi 的研究（1989）並未明確指出各年齡（即三至六歲）書寫策略或寫字的錯誤類型。然而，Chi 的研究對華人早期書寫的研究有所貢獻，並被用來做寫字錯誤的分類。

二、我國特殊兒童的寫字錯誤類型之研究

　　Su、Soong和Hsu（1984）調查二十位閱讀障礙兒童的寫字問題。三位研究者以「閱讀障礙」（reading disability）作為閱讀障礙（dyslexia）、特定學習障礙和輕度腦傷的同義字。研究對象為十九位男童和一位女童，年齡自七‧二歲至十三‧九歲，皆為台大醫院兒童心理衛生中心的患者。每個孩童的智商（語言IQ或操作IQ）皆等於或高於九十，他們沒有感覺缺陷，但有學習問題，例如國語或書寫低成就。研究對象的作文和抄寫作業被作為書寫錯誤類型的分析。結果顯示五種錯誤類型：

1. 二十個孩子都有基本單位的替代和省略的情形（基本單位係指中文字的最小單位，例如「恕」是由「女」、「口」、「心」三個基本單位組成）。
2. 寫同音字。
3. 基本單位（字部）的錯置。
4. 字的次序顛倒。
5. 部分的鏡寫。

　　在 Su、Soong 和 Hsu（1984）的研究中，並未探討書寫語文錯誤類型在各年齡層的差異。他們把作文與抄寫的錯誤一起加起來用以研究錯誤類型。另外，他們所列出的例子，尚可被分類為更細的錯誤類型。例如，他們在分類錯誤類型時，可使用筆畫的取代和遺漏，寫相近發音字。此外，其結果並未指出其錯誤係發生在自發性寫作或抄寫上。然而，Su、Soong 和 Hsu 的研究是台灣中文寫字的主要調查之一，因此，其發現提供了本研究寫字錯

誤類型分析的參考架構。

Hsu 的研究（1988）以跨國孩童閱讀研究（Stevenson, Stigler, Lucker, Lee, Hsu, & Kitamura, 1982）的部分資料，用不同的觀點做文化內部（within-culture）的研究，以探討台灣中文書寫系統（logographic）國小五年級學生閱讀的成敗。其樣本與 CNSCR（全國孩童閱讀研究）的二百四十個五年級學生相同。他們來自十所國小，以代表台北市全部五年級學生。研究對象被個別施予閱讀測驗，測驗含三部分計分：字彙、閱讀和文章的理解。閱讀測驗由訓練有素的大學主修心理學和社工的高年級學生個別執行。

Hsu（1988）歸納了嚴重學習障礙兒童的主要閱讀、理解和書寫錯誤，以下僅列出其書寫錯誤：

1. 典型的鏡寫。

2. 部分的鏡寫。

3. 字部位的錯置（字部的垂直或水平錯置）。

4. 字部的旋轉顛倒。

5. 字的次序顛倒。

6. 字部的多出、遺漏或替代。

7. 寫同音字。

Hsu（1988）的研究只指出，台北市二十七位五年級學生的寫字錯誤類型，並無提供更進一步的資訊，諸如有關該研究的描述統計。然而，本研究使用其有關孩童書寫錯誤的研究發現，作為錯誤分析的系統之一。不過，其程序稍經修改，例如，Hsu 舉列的字部的旋轉，經分類為筆畫的旋轉，因為字的錯誤部分只是一個筆畫，而非一個部位。因此，本研究增加了筆畫的錯誤。

筆者於民國八十七年選擇美國研究書寫語文能力發展所使用

的工具與方法之一：圖片故事語文測驗（PSLT）（Myklebust, 1965），進一步研究我國兒童書寫語文能力的發展及其錯誤類型，有關國字錯別字錯誤類型的研究發現詳如表 2-1 與表 2-2。

第五節　書寫語文字彙的研究

　　語言學習結果的最古老的研究與評量方法，可能是研究孩童的字彙。研究結果指出，書寫的字彙，例如兒童使用的詞類，是評量書寫語文表現的有效方法（Chatterjee, 1983）。Hall（1981）指出，在分析學生寫作使用的字彙時，最應注重的是正確性、詳細性、多樣性和合適性。過去對字彙的研究只局限於字詞使用頻率的計數、字詞選擇錯誤的計數，和相異字詞的計數（單一寫作樣本中所使用不同的字詞的總數）。

　　字彙，通常以 type-token ratio（TTR）來評量，檢視兒童口頭或書寫語文中的不同字詞的數量。一般而言，當學生的 TTR 率提升時，其寫作會變得較好。TTR 的例子與公式如下：

不同字詞的數目（types）＝ 24
總字詞的數目（total）＝ 42
24（types）�'s 42（total）＝ 0.57（TTR）

　　Morris（1979）比較了九至十五歲的學障和正常學生的書寫語文發展，並指出，正常學生與學障學生相較之下，有較佳的字彙發展。然而，Moran（1981）比較七至十年級的學障、低成就，

和一般學生，發現學習障礙和一般學生在詞類的多樣性方面並無明顯差異（引自 Ganschow, 1984）。

Chatterjee（1983）嘗試探究三、五年級一般學生和學障學生在字彙上的差異和發展趨向。字彙的測量是依據詞類的數量、字詞的總數量，和造詞技巧。研究結果指出，五年級的一般學生相較於五年級的學障學生，使用更多量和更多樣的字彙；然而，在三年級的兩群組間其差異非常小。三年級和五年級的兩群組間的詞類和字詞總數有很大的差別。

台灣從事教育工作者對小學語文教育的評價很高。一般相信，小學教科書中的字彙對語文教育而言是很重要的。因此，國內已經完成許多針對小學生的字彙的研究。

Chen（1921）蒐集並分析報紙、雜誌、古代和現代小說、兒童讀物，和報紙雜誌登出的兒童作文。他指出，我國兒童所讀的出版品中有四二六一個不同的字彙。其後，根據其研究和其他研究結果，Chung（1930）出版了一本字典稱為基本字彙，由五二六二個單字所構成。其中，有二八二七個高頻率使用的字，一二四一個一般頻率使用的字，和一一九四個低頻率使用的字。Wang（1930, 1931）亦蒐集和分析三十六冊的小學中文教科書，小學生作文，和五十一冊的兒童讀物，以研究我國孩童的字彙（其結果如表 2-3）。

Tu 和 Chiang（1931）指出，我國的小學教科書和兒童讀物有三六五四個中文字。以 Chen（1921）、Wang（1930, 1931）、Chung（1930）、Tu 和 Chiang（1935）的研究為基礎，中華民國教育部（民 24）選擇二七一一個字用於小學一至四年級的教科書上：一年級五六六個，二年級六四四個，三年級七三七個，四年

級七六四個。

表 3-3 國小兒童詞彙數目（Wang, 1931）

年級	單詞	複詞	總表
一	147	702	849
二	154	792	946
三	148	1419	1567
四	213	1430	1643
五	149	1109	1258
六	149	787	936

　　國立編譯館（民 56）完成一項中國小學生的字彙的研究。經過分析和計算報紙、雜誌、小學課本、小學生作文、兒童讀物、大眾傳播訊息，和一般讀物，國立編譯館指出四八六四個字為中國兒童的字彙。其中，有三八六一個是高頻率使用的字，五七四個一般頻率使用的字，和四二九個低頻率使用的字。其結果與Chung（1930）的結果並不相符。由此可見，現在的兒童被教導的字不若過去那麼多，教科書已稍有簡化。

　　國立政治大學（民 71）透過小學教科書、小學生作文、報紙、一般讀物，和大眾傳媒訊息，調查我國兒童的字彙。結果指出，總共有六五一二個詞，其中，有一七八二個高頻率使用的詞，八三八個一般頻率使用的詞，和三八九二個低頻率使用的詞。國立政治大學此研究的詞總數比 Wang（1931, 1930）的總數（七一九九個）少。國立政治大學的研究並指稱，我國兒童出版品中的字彙日漸減少。這些研究所依據的只是成人寫給兒童看的讀物，

並無任何研究是完全以我國孩童的寫作樣本為依據。因此，前述研究所提及的字彙未必就是我國孩童所使用的。相反地，那是成人設定給兒童去學習的字彙。儘管如此，前述研究有其重要性，它們提供了我國兒童的字彙訊息。

以我國兒童的寫作樣本為基礎的兩項兒童字彙研究多年前在台灣完成。Chang 和 Chiu（1973）隨機取樣了二百位三至六年級的我國兒童，其中包括一百個男生和女生，共收集一千篇作文（亦即每人五篇作文）。計算字數的結果顯示，字總數為一九五七六九，不同的字數為二二〇九。

由台灣省國民學校教師研習會贊助的研究者，隨機取樣台灣一至六年級的兒童三萬七千二百位（Ko et al., 1987）。對這些兒童們進行一項「造詞測驗」，即對每個指定的字造一個詞。例如，指定的字若是「美」，兒童可以寫一個複合詞，如「美國」或「美人」或「美夢」。兒童在「造詞測驗」所寫的詞被計算和分析。目前，一、二年級兒童的研究結果經台灣省國民學校教師研習會出版，結果顯示，一年級的學生可以正確地寫九七九個字，但可以用注音符號正確地寫一〇六六個字。九七九個字中包括有一五八個高頻率使用的字，二三三個一般頻率使用的字，和五八八個低頻率使用的字。

第六節　我國國小兒童書寫語文能力的研究

本研究的主要目的在探討我國國民小學一、三、五年級一般兒童與三、五年級國語學習障礙兒童自發性書寫語文能力的發展

特徵與錯誤類型。研究者（楊坤堂，民86）對台灣地區國民小學一般兒童一年級二三〇人（男生一一五人，女生一一五人）、三年級二三二人（男生一一五人，女生一一七人）和五年級二三三人（男生一一七人，女生一一六人），以及國語學習障礙兒童一年級一二〇人（男、女生各六十人）、三年級一二〇人（男、女生各六十人）和五年級一一三人（男生六十人，女生五十三人），實施圖片故事語文測驗（PSLT）（Myklebust, 1965），蒐集研究對象的自發性書寫語文的作文樣本共計一〇四八篇，再根據PSLT及其相關分析表進行下列項目的評分：作文產品（總字數、總句數、平均每句字數）、語法商數、文意層次、句子類型、國字—注音符號字比率、國字錯別字錯誤類型和注音符號字錯別字錯誤類型。最後，依據統計結果分別分析我國國民小學一、三、五年級一般兒童與國語學習障礙兒童書寫語文能力的發展特徵與錯誤類型；並進一步分別比較一年級一般兒童與三年級國語學習障礙兒童，以及三年級一般兒童與五年級國語學習障礙兒童書寫語文能力的異同。茲根據本研究結果摘錄下列結論，並提出建議。

一、結論

(一)國小一、三、五年級一般兒童書寫語文能力的發展特徵與錯誤類型

1. 我國國小一、三、五年級一般兒童的自發性作文產品（總字數、總句數、平均每句字數）、語法商數和文意層次等書寫語文能力均隨著兒童的年齡（年級）而增長。而語法錯誤（含

用字錯誤、標點符號、錯別字）則隨著年級的增加而減少。

2. 我國國小一、三、五年級一般兒童的自發性作文句子類型的發展特徵，是各年級使用四種句子類型的百分比多寡，一年級依序是：簡單句、複合句、複雜句和破碎句；而三、五年級則一致，均依序是：複合句、簡單句、複雜句和破碎句。一年級一般兒童寫成的破碎句和簡單句均多於三、五年級一般兒童；而其複合句和複雜句則均少於三、五年級一般兒童。

3. 我國國小一、三、五年級一般兒童書寫語文能力自發性作文使用注音符號字的次序，和占作文總字數的百分比，隨著年級的增加而減少。

4. 我國國小一、三、五年級一般兒童書寫語文能力自發性作文顯現下列寫字錯別字的錯誤類型的特徵：

   (1)在作文中常發生的寫字錯別字錯誤類型依序是：

   一年級：注音符號替代、調號替代、同音字和近似音字。

   三年級：同音字、近似音字和基本單位替代。

   五年級：同音字、基本單位替代和近似音字。

   (2)一、三、五年級一般兒童的作文中均未出現完全鏡寫的錯別字錯誤類型。惟一年級出現部分鏡寫的錯誤類型。

   (3)一年級一般兒童寫字錯別字錯誤類型的特徵是：注音符號字錯別字錯誤類型多於國字錯別字錯誤類型；三年級和五年級則是國字錯別字錯誤類型多於注音符號字錯別字錯誤類型。

   (4)使用注音符號字作文的次數與百分比隨著兒童年齡的增加而遞減，但使用國字作文的百分比則相反。

5. 我國國小一、三、五年級一般兒童自發性書寫語文能力在作

文產品（總字數、總句數、平均每句字數）、語法商數、文意層次，句子類型的簡單句和複合句，以及國字─注音符號字比率的全距均相當大。

(二)我國國小一、三、五年級國語學習障礙兒童書寫語文能力的發展特徵與錯誤類型

1. 我國國小一、三、五年級國語學習障礙兒童的自發性作文產品（總字數、總句數、平均每句字數）、語法商數和文意層次等書寫語文能力，均隨著兒童的年齡（年級）而增長。而語法錯誤（含用字錯誤、標點符號錯誤、錯別字）則隨著年級的增加而減少。

2. 我國國小一、三、五年級國語學習障礙兒童的自發性作文句子類型的發展特徵是：一、三、五年級兒童均最常使用簡單句，一年級國語學習障礙兒童比三、五年級國語學習障礙兒童使用更多的破碎句；相對地，三、五年級國語學習障礙兒童均比一年級國語學習障礙兒童使用更多的複雜句。各年級使用四種句子類型的百分比多寡，一年級依序是：簡單句、破碎句、複合句和複雜句；三年級依序是：簡單句、複合句、破碎句和複雜句；而五年級依序是：簡單句、複合句、複雜句和破碎句。

3. 我國國小一、三、五年級國語學習障礙兒童書寫語文能力自發性作文使用注音符號字的百分比，隨著兒童年級的增加而減少。

4. 我國國小一、三、五年級國語學習障礙兒童書寫語文能力自發性作文顯現下列寫字錯別字錯誤類型的特徵：

(1)在作文中常發生的國字錯別字錯誤類型是：

一年級依序為注音符號替代、調號替代和異符替代。

三年級是注音符號替代、同音字和筆畫省略。

五年級是基本單位替代、同音字和筆畫省略。

(2)一、三、五年級國語學習障礙兒童的作文中均未出現基本
單位顛倒與筆畫顛倒的錯別字錯誤類型。

(3)一年級國語學習障礙兒童寫字錯別字錯誤類型的特徵是：
注音符號字錯別字錯誤類型多於國字錯別字錯誤類型；三
年級和五年級則是國字錯別字錯誤類型多於注音符號字錯
別字錯誤類型。

(4)使用注音符號字作文的次數與百分比隨著兒童年齡的增加
而遞減，但使用國字作文的百分比則相反。

5.我國國小一、三、五年級國語學習障礙兒童自發性書寫語文
能力在作文產品（總字數、總句數、平均每句字數）、語法
商數、文意層次，句子類型的簡單句、複合句和破碎句，以
及國字—注音符號字比率的全距均相當大。

(三)我國國小一年級一般兒童與三年級國語學習障礙兒童書寫語文能力之比較

1.作文產品（總字數、總句數和平均每句字數）

(1)一年級一般兒童作文平均總字數、平均每句字數均顯著低
於三年級國語學習障礙兒童的平均總字數與平均每句字數。

(2)一年級一般兒童作文平均總句數則高於三年級國語學習障
礙兒童的平均總句數。

(3)一年級一般兒童作文總句數的全距大於三年級國語學習障

礙兒童，但後者的總字數和平均每句字數的全距大於前者。

2.語法商數

(1)一年級一般兒童作文平均語法商數稍高於三年級國語學習障礙兒童的平均語法商數，但未達顯著差異水準。

(2)一年級一般兒童的語法錯誤（含用字錯誤、錯別字、標點符號錯誤和總錯誤）均低於三年級國語學習障礙兒童，但未達顯著差異水準。

而兩者在三項語法錯誤的次序相同，依序是錯別字、用字錯誤和標點符號錯誤。

(3)一年級一般兒童語法商數的參差不齊程度，大於三年級國語學習障礙兒童語法商數的參差不齊程度。

3.文意層次

(1)一年級一般兒童作文平均文意層次稍高於三年級國語學習障礙兒童的平均文意層次，但未達顯著差異水準。

(2)三年級國語學習障礙兒童文意層次的全距大於一年級一般兒童文意層次的全距。

4.句子類型

(1)一年級一般兒童與三年級國語學習障礙兒童最常使用的句子類型均是簡單句，而最少使用的句子類型一年級一般兒童是破碎句，三年級國語學習障礙兒童是複雜句。

(2)三年級國語學習障礙兒童的破碎句顯著多於一年級一般兒童的破碎句。

(3)一年級一般兒童的簡單句、複合句和複雜句均稍高於三年級國語學習障礙兒童的簡單句和複合句。

5.國字—注音符號字比率

一年級一般兒童作文的國字—注音符號字比率及其全距,顯著高於三年級國語學習障礙兒童的國字—注音符號字比率與全距。

6.錯別字錯誤類型

(1)一年級一般兒童在下列錯別字錯誤類型上顯著少於三年級國語學習障礙兒童:基本單位添加、省略、替代、錯置和配置不當,筆畫省略和錯置,同音字、以他字替代、完全鏡寫和部分鏡寫。但在注音符號字添加和省略,以及調號替代,則顯著多於三年級國語學習障礙兒童。

(2)兩組兒童均無顛倒筆畫與注音符號字鏡寫和調號添加的錯誤類型。

(3)一年級一般兒童注音符號字錯別字錯誤類型多於國字錯別字錯誤類型,三年級國語學習障礙兒童則相反。

(4)一年級一般兒童國字錯別字錯誤類型,低於三年級國語學習障礙兒童國字錯別字錯誤類型;但其注音符號字錯別字錯誤類型,則高於三年級國語學習障礙兒童的注音符號字錯別字錯誤類型。

(四)我國國小三年級一般兒童與五年級國語學習障礙兒童書寫語文能力之比較

1.作文產品(總字數、總句數和平均每句字數)

(1)三年級一般兒童作文平均總字數、平均總句數和平均每句字數,均高於五年級國語學習障礙兒童的平均總字數、平均總句數和平均每句字數。

(2)五年級國語學習障礙兒童作文產品(總字數、總句數和平

均每句字數）的全距，均大於三年級一般兒童。

2.語法商數

(1)三年級一般兒童作文平均語法商數顯著高於五年級國語學習障礙兒童的平均語法商數；而五年級國語學習障礙兒童語法錯誤（含用字錯誤、錯別字、標點符號錯誤和總錯誤）均高於三年級一般兒童。

(2)三年級一般兒童語法商數的全距小於五年級國語學習障礙兒童語法商數的全距。

3.文意層次

(1)三年級一般兒童作文的平均文意層次顯著高於五年級國語學習障礙兒童的平均文意層次。

(2)五年級國語學習障礙兒童文意層次的全距大於三年級一般兒童文意層次的全距。

(3)兩組的文意層次的全距無統計差異。

4.句子類型

(1)三年級一般兒童與五年級國語學習障礙兒童最少使用的句子類型均是破碎句；而三年級一般兒童最常使用的句子類型均是複合句，五年級國語學習障礙兒童則最常使用的句子類型是簡單句。

(2)五年級國語學習障礙兒童的破碎句和簡單句，均顯著多於三年級一般兒童的破碎句和簡單句。

(3)三年級一般兒童的複合句和複雜句均顯著高於五年級國語學習障礙兒童的複合句和複雜句。

(4)三年級一般兒童複合句和複雜句的全距均大於五年級國語學習障礙兒童，而後者的簡單句和破碎句的全距則大於前

者。

5. 國字—注音符號字比率

　　五年級國語學習障礙兒童作文的國字—注音符號字比率稍高於三年級一般兒童的平均得分。

6. 錯別字錯誤類型

(1)三年級一般兒童在下列錯別字錯誤類型上均少於五年級國語學習障礙兒童：基本單位添加、省略、替代、顛倒和配置不當，筆畫添加、省略、以他字替代、部分鏡寫，注音符號字添加、省略和顛倒，以及調號省略。而五年級國語學習障礙兒童的筆畫錯置、近似音字和注音符號字添加則低於三年級一般兒童。

(2)兩組兒童均無顛倒筆畫、完全鏡寫和鏡寫注音符號字以及調號添加的錯誤類型。

(3)兩組兒童最常發生的錯別字錯誤類型包括：同音字、基本單位替代、近似音字、筆畫省略和基本單位省略。

(4)兩組兒童作文錯別字錯誤類型的共同特徵是：國字錯別字錯誤類型多於注音符號字錯別字錯誤類型。但三年級一般兒童的國字錯別字錯誤類型，少於五年級國語學習障礙兒童的國字錯別字錯誤類型；但其注音符號字錯別字錯誤類型，則多於五年級國語學習障礙兒童的注音符號字錯別字錯誤類型。

二、 建議

　　茲依據本研究的結果提出有關國小兒童書寫語文能力診斷與

教學，以及有關兒童書寫語文能力未來研究的兩項建議如下：

(一)有關書寫語文能力診斷與教學的建議

1. 兒童書寫語文能力研究工作的困難之一，乃是標準化書寫語文能力診斷測驗工具的欠缺，加諸使用單一的語文能力測驗工具，亦無法充分而有效地評量書寫語文能力的複雜歷程及其多樣的結果（products），基於本研究所使用的評量工具與方法，能蒐集與分析兒童書寫語文能力的發展特徵和錯誤類型，因此，本研究建議對兒童的書寫語文能力採行區別診斷（differentiate diagnosis）或通盤性評量（comprehensive assessment）。

2. 本研究驗證圖片故事語文測驗（PSLT）（Myklebust, 1965）能有效蒐集國小兒童書寫語文自發性作文樣本，並證實修訂的 PSLT 產品量表、語法量表、文意層次量表，以及有關書寫語文能力評量的句子類型分析表、國字—注音符號字比率法和錯別字錯誤類型分析表，能有效分析兒童的作文產品（含總字數、總句數和平均每句字數）、語法商數、文意層次、句子類型、國字—注音符號字比率和錯別字錯誤類型等書寫語文能力。本研究基於中英文文字語法系統的差異以及上述研究的驗證，建議將PSLT的字尾（word ending）修訂為錯別字，並聯合使用上述六種評量法（PSLT的產品量表、語法量表、文意層次量表，以及句子類型分析表、國字—注音符號字比率表，和錯別字錯誤類型分析表），對兒童的自發性作文進行分析研究。

3. 本研究所使用的測驗工具與方法可單項單獨使用，當作篩選

工具，藉以評量書寫語文的教學效果或評量兒童書寫語文特定層面的能力；也可以聯合使用，作為診斷工具，藉以分析兒童上述六項書寫語文能力強弱勢的性質和程度，進而據以設計書寫語文能力的診療教學或補救教學。

4. 國字—注音符號字比率分析可用來評量注音符號教學和寫字教學的效果，並可據以診斷兒童對注音符號和寫字診斷教學的需求性。

5. 寫字錯別字錯誤類型分析可用來調查兒童注音符號字和國字的書寫能力。若結合自發性作文和抄寫測驗，則更能診斷兒童寫字困難與問題的性質和層面（例如是國字或注音符號字的寫字困難，或是兩者皆有的困難，或其錯別字並非寫字本身的問題，而是兒童使用的方言所導致）。

6. 本研究結果並可提供發展國民小學國語科課程與教材的參考，也可作為實施國民小學國語科教學及國語學障兒童國語科補救教學的參考。

7. 本研究結果可作為研究與發展國小兒童書寫語文測驗工具編製的參考。

(二)有關兒童書寫語文能力未來研究的建議

1. 本研究結果可做後續研究（例如有關國民小學二、四、六年級一般兒童與國語學習障礙兒童書寫語文研究）的基礎。

2. 未來研究可對本研究的研究對象繼續做縱貫研究（longitudinal studies）。

3. 未來研究可做其他類型特殊兒童（例如智能障礙或資優兒童）或同類型不同年級、或不同類型同年級、或一般兒童（例如

經常使用電腦與不使用電腦兒童）之間的書寫語文能力的比較研究。

4. 研究不同變項（諸如不同母語或方言、語文教學、教師期望、父母教育態度或不同社區等）對兒童書寫語文能力的影響。

5. 未來研究可做性別分析。

6. 未來研究可對兒童的自發性作文樣本進行其他書寫語文能力層面，諸如過程（process）、語用（pragmatic）、組織、讀者感（sense of audience）等的分析。

7. 未來研究可研究兒童說話、閱讀和書寫語文能力之間的關係，例如，以 PSLT 分別蒐集兒童看圖說故事和看圖寫故事的樣本，進行有關語文能力的分析比較。

8. 未來的主要研究是經由科際整合（包括語文學、心理測驗、特殊教育等相關學域的學者專家），進行我國國民小學兒童書寫語文能力標準化測驗工具編製及其相關的研究。

[第四章]
國小兒童書寫語文能力的特徵及其發展類型與錯誤類型

第一節　國小一、三、五年級一般兒童書寫語文能力的特徵及其發展類型與錯誤類型

　　本節係根據我國國民小學一般兒童一年級二三○人、三年級二三二人和五年級二三三人，合計六九五人的 PSLT 自發性作文樣本，經研究者分別針對書寫語文能力的作文產品（含總字數、總句數、平均每句字數）、語法商數、文意層次、句子類型、國字—注音符號字比率，國字錯別字錯誤類型和注音符號錯別字錯誤類型進行評分，並統計其次數、百分比、平均數、全距和標準差，其結果如下：

一、作文產品

　　作文產品的分析研究係計算兒童作文樣本中的總字數、總句數和平均每句字數。本研究有關我國國民小學一、三、五年級一般兒童作文產品的統計結果如下：

1. 在總字數方面：一年級一般兒童平均每篇作文的總字數是八十·○一字，三年級是一九八·七九字，而五年級則是二四六·六○字。

2. 在總句數方面：一年級一般兒童平均每篇作文的總句數是六·三○句，三年級是九·九二句，而五年級則是九·五三句。

3. 在平均每句字數方面：一年級一般兒童平均每篇作文的每句字數是十三·九三字，三年級是二十·八○字，而五年級則

是二十六‧四一字。

研究結果顯示，我國國民小學一、三、五年級一般兒童書寫語文能力，在作文產品上所表現的發展特徵是，作文產品的數量隨著年級而遞增，換言之，五年級兒童的作文產品，在總字數和平均每句字數方面的數量，都比三年級兒童作文產品的總字數和平均每句字數多；而三年級兒童的作文產品，也同樣的比一年級兒童的作文產品的總字數和平均每句字數多。本研究結果證實Myklebust（1965）、Tuana（1971），以及 Johnson 和 Grant（1989）的研究結果：兒童作文產品的總字數隨著年齡而增長。

二、語法

Myklebust（1965）係以語法商數（Syntax Quotient）來表示兒童的語法能力，而語法商數是計算兒童作文的三項錯誤類型：

1. 用字（word usage）的錯誤類型：包括添加、省略、替代和字序（word order）。
2. 錯別字的錯誤類型：包括添加、省略和替代。
3. 標點符號的錯誤類型：包括添加、省略和替代。

語法商數的計算公式如下（Myklebust, 1965）：

字數（NW）＿＿＿＋總省略（TO）＿＿＿＝＿＿＿總單位（TU）

總單位（TU）＿＿＿－總錯誤（TE）＿＿＿＝＿＿＿總正確（TC）

TC＿＿＿＿／TU＿＿＿＿鬬 100％＝＿＿＿造句商數（SQ）

本研究有關我國國民小學一、三、五年級一般兒童書寫語文

作文語法商數的結果發現：一年級一般兒童的平均語法商數是九十·三六，三年級是九十六·五五，而五年級則是九十七·四九。本研究結果顯示，我國國民小學一、三、五年級一般兒童書寫語文能力，在作文的語法商數上所表現的發展特徵是，語法能力隨著年級而遞增。本研究結果與 Hunt（1965）、Myklebust（1965）、Golub 和 Kidder（1974）、Crowhurst 和 Piche（1979）的研究結果相一致。進一步分析可發現，一、三、五年級一般兒童語法錯誤類型占總語法錯誤的百分比依序如下：

一年級一般兒童： 1. 錯別字占 37.34 ％
2. 用字錯誤占 36.53 ％
3. 標點符號錯誤占 26.23 ％

三年級一般兒童： 1. 錯別字占 40.80 ％
2. 用字錯誤占 38.94 ％
3. 標點符號錯誤占 20.33 ％

五年級一般兒童： 1. 用字錯誤占 42.24 ％
2. 錯別字占 38.06 ％
3. 標點符號錯誤占 19.96 ％

一、三、五年級一般兒童最少發生的語法錯誤類型均是標點符號錯誤類型；最常發生的語法錯誤類型，一年級和三年級是一致的，均是錯別字錯誤類型，而五年級則是用字的錯誤類型。

一年級一般兒童比三、五年級一般兒童顯現更多的標點符號錯誤，三年級一般兒童比一、五年級一般兒童顯現更多的錯別字錯誤；而五年級一般兒童則比一、三年級一般兒童顯現更多的用字錯誤。

從添加、省略、替代和字序的語法錯誤來分析，則一、三、

五年級一般兒童最常發生的語法錯誤均是省略和替代。整體而言，一年級一般兒童的語法錯誤多於三年級一般兒童，而三年級一般兒童的語法錯誤復多於五年級一般兒童的語法錯誤。

三、文意層次

　　圖片故事語文測驗的文意層次共分成五層次二十五分（Myklebust, 1965），第一層次是無意義的語文，其分數為〇；第二層次是具體—敘述，其分數從一分到六分，分為六級；第三層次是具體—想像，其分數從七分到十二分，分成六級；第四層次是抽象—敘述，其分數從十三分到十七分，分成五級；而第五層次是抽象—想像，其分數是從十八分到二十五分，分成八級。

　　本研究有關我國國民小學一、三、五年級一般兒童書寫語文作文文意層次的結果是：

1. 一年級的文意層次平均得分為九‧九四，表示一年級一般兒童的作文文意層次是層次三：具體—想像的中級——圖片中的娃娃被擬人化（例如媽媽、爸爸、姊姊、妹妹、弟弟或其他的人物）。文章有主題，並陳述人物的關係。

2. 三年級的文意層次平均得分為十四‧二四，表示三年級一般兒童的作文文意層次是層次四：抽象—敘述的初級——圖片中的男孩表現二種或二種以上的系列活動。

3. 五年級的文意層次平均得分為十五‧四一，表示五年級一般兒童的作文文意層次也是層次四：抽象—敘述，但屬於中級——文章具有局部的情節與布局。

　　此外，值得注意的是：

1. 一、三、五年級各年級其文意得分的全距都相當大，一年級
　　從○至二十二分，三、五年級均是從○至二十五分。這表示
　　同年級的兒童在作文文意層次上的能力參差不齊。

2. 兒童的作文文意層次所顯現的發展特徵是文意層次隨著年齡
　　而提高。

四、句子類型

　　句子類型研究屬於語法（造句法）的一種研究（Golub & Kidder, 1974; Hunt, 1965, 1970; Klecan-Aker, 1985），本研究有關我國國民小學一、三、五年級一般兒童書寫語文作文的句子類型，其結果如下：

1. 破碎句：一年級一般兒童平均每篇作文上出現○・一二句的
　　破碎句，三年級是○・○四句，而五年級則是○・○八句。

2. 簡單句：一年級一般兒童平均每篇作文上出現三・六六句的
　　簡單句，三年級是二・五四句，而五年級則是二・三七句。

3. 複合句：一年級一般兒童平均每篇作文上出現一・五四句的
　　複合句，三年級是五・四七句，而五年級則是五・二四句。

4. 複雜句：一年級一般兒童平均每篇作文上出現一・○二句的
　　複雜句，三年級是一・八九句，而五年級則是一・七三句。

　　研究結果顯示：

1. 一年級一般兒童作文時最常使用的句子是簡單句（58.07％），
　　其餘依序是複合句（24.48％）、複雜句（16.21％），和破
　　碎句（1.93％）。

2. 三年級和五年級在句子類型的表現是類似的，最常使用的句

子是複合句：三年級是 55.13 ％、五年級是 54.98 ％；其次是
簡單句：三年級是 25.63 ％、五年級是 24.81 ％；再其次是複
雜句：三年級是 19.07 ％、五年級是 18.10 ％；而最少構成的
句型是破碎句：一年級是 0.12 ％、三年級是 0.43 ％、而五年
級是 0.81 ％。

進一步分析可發現兒童在書寫語文句子類型的發展特徵是：

1. 一年級一般兒童的作文中最常出現的句子是簡單句（58.07
   ％），而三年級和五年級一般兒童則都是複合句，分別占
   55.13 ％和 54.98 ％。

2. 一年級一般兒童寫成的破碎句和簡單句均多於三、五年級一
   般兒童；而其複合句和複雜句則均少於三、五年級一般兒童。

五、國字──注音符號字比率

我國國民小學一年級兒童通常在寫作上同時使用國字和注音
符號字（以注音符號標注不會寫的國字）。國內學者的研究結果
指出，國小一年級兒童使用注音符號字寫作時，可以表達更多的
內容（柯華葳，民 74）。理論上的推論以及教學上的一般發現均
相信，國小低、中、高年級兒童在寫作時，使用注音符號字的次
數會隨著年級的增高而減少。本研究的研究項目之一乃是探究其
中的特徵和差異。

本研究有關我國國民小學一、三、五年級一般兒童書寫語文
作文的國字與注音符號字比率的結果如下：

1. 一年級一般兒童平均在每篇自發性作文上使用二十一・一七
   字的注音符號，三年級是三・〇七字，而五年級則是〇・五

八字。

2. 一年級一般兒童在作文中使用的注音符號字平均占其整篇作文字數的 26.46 %，三年級是 1.54 %，而五年級則是 0.23 %。

上述研究結果顯示，國小一般兒童在作文時，使用注音符號字的語文能力發展特徵與類型是：兒童使用注音符號字的次數隨著年級的增加而減少。

六、國字錯別字錯誤類型

前文指出，國內學者對國小兒童寫字錯別字的研究結果，乃是本研究的重要依據與參考（柯華葳，民 74；柯華葳、尹玫君，民 76）。本研究的錯別字錯誤類型研究包括：國字錯別字和注音符號錯別字錯誤類型分析。

本研究有關我國國民小學一、三、五年級一般兒童書寫語文作文的國字錯別字錯誤類型的結果如表 2-1。

(一) 國字錯別字錯誤類型的項目

1. 在一年級一般兒童的作文上發現十二項國字錯別字錯誤類型：基本單位的添加、省略、替代、錯置和顛倒，筆畫的添加、省略和錯置，同音字，近似音字，以他字替代，以及部分鏡寫。

2. 在三年級一般兒童的作文上發現十項國字錯別字錯誤類型：基本單位的添加、省略、替代和錯置，筆畫的添加、省略和錯置，同音字，近似音字和以他字替代。

3. 在五年級一般兒童的作文上發現十二項國字錯別字錯誤類型：

基本單位的添加、省略、替代、錯置和配置不當,筆畫的添加、省略、錯置和顛倒,同音字,近似音字和以他字替代。

4. 一、三、五年級一般兒童作文上共同出現的錯誤類型計有十項:基本單位的添加、省略、替代和錯置,筆畫的添加、省略和錯置,同音字,近似音字和以他字替代。

(二)在研究對象作文樣本中未出現的國字錯別字錯誤類型

1. 一年級一般兒童作文上未出現的國字錯別字錯誤類型是基本單位配置不當、筆畫顛倒和完全鏡寫。

2. 三年級一般兒童作文上未出現的國字錯別字錯誤類型是基本單位顛倒、基本單位配置不當、筆畫顛倒、完全鏡寫和部分鏡寫。

3. 五年級一般兒童作文上未出現的國字錯別字錯誤類型是基本單位顛倒、完全鏡寫和部分鏡寫。

4. 一、三、五年級一般兒童的作文上均未出現完全鏡寫的國字錯別字錯誤類型;一、三年級一般兒童的作文上未出現基本單位配置不當和筆畫顛倒的錯誤;三、五年級一般兒童的作文上未出現基本單位顛倒和部分鏡寫的錯誤類型。

5. 其中值得注意的現象是:一、三年級一般兒童的作文上未出現基本單位配置不當和筆畫顛倒的錯誤類型,但五年級一般兒童竟然出現。此外,五年級一般兒童的作文上未出現基本單位顛倒和部分鏡寫的錯誤類型,而一年級兒童則出現。

(三)國字錯別字錯誤類型出現次序

1. 一年級一般兒童作文國字錯別字錯誤類型出現次序依序是：
(1)同音字（27.21 ％），(2)近似音字（22.06 ％），(3)筆畫省略（19.12 ％），(4)筆畫添加（8.82 ％），(5)基本單位省略（8.09 ％），(6)基本單位替代（5.15 ％），(7)基本單位添加（2.94 ％），(8)基本單位錯置（2.21 ％），(9)基本單位顛倒（1.47 ％）和以他字替代（1.47 ％），(10)筆畫錯置（0.74 ％）和部分鏡寫（0.74 ％）。

2. 三年級一般兒童作文國字錯別字錯誤類型出現次序依序是：
(1)同音字（33.64 ％），(2)近似音字（18.89 ％），(3)基本單位替代（17.05 ％），(4)筆畫省略（10.60 ％），(5)基本單位省略（9.22 ％），(6)基本單位添加（2.77 ％）和筆畫錯置（2.77 ％），(7)以他字替代（2.30 ％），(8)基本單位添加（1.38 ％）和筆畫添加（1.38 ％）。

3. 五年級一般兒童作文國字錯別字錯誤類型出現次序依序是：
(1)同音字（31.74 ％），(2)基本單位替代（21.56 ％），(3)近似音字（13.77 ％），(4)筆畫省略（8.98 ％），(5)基本單位省略（7.78 ％），(6)筆畫添加（5.99 ％），(7)以他字替代（5.39 ％），(8)基本單位添加（3.59 ％），(9)基本單位配置不當（1.20 ％），(10)基本單位錯置和筆畫錯置（均未達0.01 ％）。

上述研究結果顯示兩項兒童書寫語文能力的特徵：

1. 國小一般兒童作文時最常發生的國字錯別字錯誤類型是同音字與近似音字，其次是基本單位替代、筆畫省略。

2. 一年級一般兒童的國字錯別字出現部分鏡寫的錯誤類型，而

三、五年級一般兒童並無部分鏡寫的錯誤類型。

七、注音符號字錯別字錯誤類型

本研究有關我國國民小學一、三、五年級一般兒童書寫語文作文的注音符號錯別字錯誤類型（表 2-2）的結果如下：

(一)注音符號字錯別字錯誤類型的項目

1. 在一年級一般兒童的作文上發現七項注音符號字的錯別字錯誤類型：添加、省略、替代、錯寫、異符替代、調號添加、調號省略與調號替代。
2. 在三年級一般兒童的作文上發現三項注音符號字的錯別字錯誤類型：添加、替代、異符替代與調號替代。
3. 在五年級一般兒童的作文上發現三項注音符號字的錯別字錯誤類型：替代、異符替代與調號替代。

(二)未出現的注音符號字錯別字錯誤類型

1. 一年級一般兒童作文上未出現的注音符號字錯別字錯誤類型只有顛倒一項。
2. 三年級一般兒童作文上未出現的注音符號字錯別字錯誤類型是省略、顛倒、鏡寫、調號添加和調號省略等五項。
3. 五年級一般兒童作文上未出現的注音符號字錯別字錯誤類型是添加、省略、顛倒、鏡寫、調號添加和調號省略等六項。
4. 一、三、五年級一般兒童的作文上均未出現顛倒的錯誤類型；而三、五年級一般兒童的作文上則均未出現省略、鏡寫、調

號添加和調號省略的錯誤類型。

(三)注音符號字錯別字錯誤類型出現次序

1. 一年級一般兒童作文注音符號字錯別字錯誤類型出現次序依序是：(1)替代（55.35 ％），(2)調號替代（31.45 ％），(3)省略（5.03 ％），(4)異符替代（4.40 ％），(5)添加（3.14 ％），(6)調號省略（0.63 ％）和(7)鏡寫與調號添加（均未達 0.01 ％）。

2. 三年級一般兒童作文注音符號字錯別字錯誤類型出現次序依序是：(1)替代（66.67 ％），(2)調號替代（23.33 ％），(3)添加（6.67 ％）和(4)異符替代（3.33 ％）。

3. 五年級一般兒童作文注音符號字錯別字錯誤類型出現次序依序是：(1)替代（75.00 ％），(2)異符替代（25.00 ％）和(3)調號替代（未達 0.01 ％）。

　　整體而言，一年級一般兒童寫字錯別字錯誤類型按其百分比的多寡依序是：(1)注音符號的替代（29.83 ％），(2)調號的替代（16.95 ％），(3)同音字（12.54 ％），(4)近似音字（10.17 ％），(5)筆畫省略（8.81 ％），(6)筆畫添加（4.07 ％），(7)基本單位省略（3.73 ％），(8)基本單位替代和異符替代（均是 2.37 ％），(9)注音符號添加（1.69 ％），⑽基本單位添加（1.36 ％），⑾基本單位錯置（1.02 ％），⑿基本單位顛倒（0.68 ％），⒀筆畫錯置（0.34 ％）、部分鏡寫（0.34 ％）和調號省略（0.34 ％）。

　　三年級一般兒童寫字錯別字錯誤類型按其百分比的多寡依序是：(1)同音字（29.55 ％），(2)近似音字（16.60 ％），(3)基本單位替代（14.98 ％），(4)筆畫省略（9.31 ％），(5)基本單位省略

（8.10 ％）和注音符號字替代（8.10 ％），(6)調號替代（2.83
％），(7)基本單位添加（2.43 ％）和筆畫錯置（2.43 ％），(8)以
他字替代（2.02 ％），(9)基本單位錯置（1.21 ％）和筆畫添加
（1.21 ％），(10)注音符號添加（0.81 ％）和(11)異符替代（0.04
％）。

　　五年級一般兒童寫字錯別字錯誤類型按其百分比的多寡依序
是：(1)同音字（30.99 ％），(2)基本單位替代（21.05 ％），(3)近
似音字（13.45 ％），(4)筆畫省略（8.77 ％），(5)基本單位省略
（7.60 ％），(6)筆畫添加（5.85 ％），(7)以他字替代（5.26 ％），
(8)基本單位添加（3.51 ％），(9)注音符號替代（1.75 ％），(10)基
本單位空間配置不當（1.17 ％），(11)異符替代（0.58 ％），(12)基
本單位錯置、筆畫錯置和調號替代（均未滿 0.01 ％）。

　　上述研究結果顯示三項兒童書寫語文能力的發展特徵：

1. 國小一般兒童一、三、五年級作文以注音符號標注國字時，
　 最常發生的注音符號字錯別字錯誤類型均是替代，分別高占
　 55.35 ％、66.67 ％和 75.00 ％。

2. 從錯別字總錯誤類型（包含國字錯別字和注音符號字錯別字）
　 來分析：一年級一般兒童錯別字的錯誤類型是注音符號字錯
　 誤類型（53.89 ％）多於國字錯別字（46.11 ％），而三年級
　 和五年級一般兒童則是國字錯別字（三年級是 46.11 ％，五
　 年級是 97.67 ％）多於注音符號字錯別字（三年級是 11.78
　 ％，五年級是 2.33 ％）。

3. 我國國民小學一、三、五年級一般兒童在書寫語文作文上所
　 出現的錯別字錯誤類型主要是：注音符號替代、調號替代、
　 同音字、近似音字和基本單位替代等五項。而其中注音符號

替代與調號替代是三年級和五年級一般兒童所顯現的錯誤類型；而同音字和近似音字則是一、三、五年級兒童均產生的錯別字錯誤類型。

第二節　國小一、三、五年級國語學習障礙兒童書寫語文能力的特徵及其發展類型與錯誤類型

本節係根據我國國民小學國語學習障礙兒童一年級一二〇人，三年級一二〇人，和五年級一一三人，合計三五三人，在圖片故事語文測驗上的自發性作文樣本，經研究者分別針對書寫語文能力的作文產品（含總字數、總句數、平均每句字數）、語法商數、文意層次、句子類型、國字—注音符號字比率、國字錯別字錯誤類型和注音符號錯別字錯誤類型進行評分，並統計其次數、百分比、平均數、全距和標準差，其結果如下：

一、作文產品

作文產品的分析研究係計算兒童作文樣本中的總字數、總句數和平均每句字數。本研究有關我國國民小學一、三、五年級國語學習障礙兒童作文產品的研究結果如下：

㈠在總字數方面

一年級國語學習障礙兒童平均每篇作文的總字數四十九・七

八字、三年級是九十四‧八六字，而五年級則是一四四‧三一字。

㈡在總句數方面

一年級國語學習障礙兒童平均每篇作文的總句數是四‧○五句，三年級是五‧五○句，而五年級則是七‧六一句。

㈢在平均每句字數方面

一年級國語學習障礙兒童平均每篇作文的每句字數是二十‧二二字，三年級是二十二‧一五字，而五年級則是二十二‧○五字。

研究結果顯示，我國國民小學國語學習障礙兒童書寫語文能力，在作文產品上所表現的發展特徵是，作文產品的數量隨著年級而遞增；換言之，五年級兒童的作文產品，在總字數和總句數方面，都比三年級兒童的作文產品的總字數和總句數多，而三年級兒童作文產品的總字數和總句數，也同樣的比一年級兒童的作文產品的總字數和總句數多。本研究結果證實Myklebust（1965）、Tuana（1971），以及Johnson和Grant（1989）的研究結果：兒童作文產品的總字數隨著年齡而增多。

二、語法

前文指出，Myklebust（1965）係以語法商數（Syntax Quotient）來表示兒童的語法能力，而語法商數是計算兒童作文的三項錯誤類型：用字、錯別字和標點符號。

本研究有關我國國民小學一、三、五年級國語學習障礙兒童

書寫語文作文語法商數的統計結果發現：一年級國語學習障礙兒童的平均語法商數是七十三‧二一，三年級是九十‧〇一，而五年級則是九十二‧三八。本研究結果顯示，我國國民小學國語學習障礙兒童書寫語文能力，在作文的語法商數上所表現的發展特徵是，語法能力隨著年齡而遞增。本研究結果與 Golub 和 Kidder（1974）、Hunt（1965）、Crowhurst 和 Piche（1979）、 Myklebust（1965）的研究結果相一致。

　　進一步分析可發現，一、三、五年級國語學習障礙兒童語法錯誤類型占總語法錯誤的百分比依序如下：

一年級國語學習障礙兒童：　1.錯別字占 42.10 ％

　　　　　　　　　　　　　2.用字錯誤占 37.04 ％

　　　　　　　　　　　　　3.標點符號錯誤占 20.81 ％

三年級國語學習障礙兒童：　1.錯別字占 38.46 ％

　　　　　　　　　　　　　2.用字錯誤占 37.82 ％

　　　　　　　　　　　　　3.標點符號錯誤占 21.77 ％

五年級國語學習障礙兒童：　1.用字錯誤占 40.17 ％

　　　　　　　　　　　　　2.錯別字占 23.72 ％

　　　　　　　　　　　　　3.標點符號錯誤占 21.77 ％

　　一、三、五年級國語學習障礙兒童最少發生的語法錯誤類型均是標點符號錯誤，最常發生的語法錯誤類型一年級和三年級是一致的，均是錯別字錯誤類型，而五年級則是用字錯誤類型。

　　一年級國語學習障礙兒童比三、五年級國語學習障礙兒童顯現更多的錯別字錯誤類型；三年級國語學習障礙兒童比一、五年級國語學習障礙兒童顯現更多的標點符號錯誤類型；而五年級國語學習障礙兒童比一、三年級國語學習障礙兒童顯現更多的用字

錯誤類型。

　　從添加、省略、替代和字序的總語法錯誤來分析，則一、三、五年級國語學習障礙兒童的錯誤類型是一致的，均是替代＞添加＞字序。整體而言，五年級國語學習障礙兒童比一、三年級國語學習障礙兒童顯現較少的語法錯誤。

三、文意層次

　　前文指出，圖片故事語文測驗的文意層次共分成五個層次二十五級，計二十五分（Myklebust, 1965），第一層是無意義的語文（有一級：○分）；第二層次是具體—敘述（有六級：一至六分）；第三層次是具體—想像（有六級：七至十二分）；第四層次是抽象—敘述（有五級：十三至十七分）；而第五層次是抽象—想像（有八級：十八至二十五分）。

　　本研究有關我國國民小學一、三、五年級國語學習障礙兒童書寫語文作文文意層次的結果是：

1. 一年級的文意層次平均得分為四‧四一，表示一年級國語學習障礙兒童的作文文意層次是層次二：具體—敘述的中級——作文中使用單一動作和歸類，但以字表形式表達，例如：我看到玩具。我看到一本書。我看到一個嬰兒。有一個玩具。

2. 三年級的文意層次平均得分為八‧七七，表示三年級國語學習障礙兒童的作文文意層次是層次三：具體—想像的初級——文章陳述男孩的行為與感受。

3. 五年級的文意層次平均得分為九‧○六，表示五年級國語學習障礙兒童的作文文意層次也是層次三：具體—想像，但屬

於中級——圖片中的娃娃被擬人化，文章有主題，並陳述人物的關係。

此外，值得注意的是：

1. 一、三、五年級各年級的文意得分的全距都相當大，一年級從○至十七分，三、五年級均是從一至二十五分。這表示同年級的兒童在作文文意層次上的能力參差不齊。

2. 兒童的作文文意層次顯現的發展特徵是：文意層次隨著年齡而增加。

四、句子類型

Golub 和 Kidder（1974）、Hunt（1965, 1970）和 Klecan-Aker（1985）主張，句子類型研究屬於語法（造句法）的一種研究。本研究有關我國國民小學一、三、五年級國語學習障礙兒童書寫語文作文句子類型的結果如下：

1. 破碎句：一年級國語學習障礙兒童平均每篇作文上出現一·三八句的破碎句，三年級是○·六八句，而五年級則是○·三六句。

2. 簡單句：一年級國語學習障礙兒童平均每篇作文上出現一·八一句的簡單句，三年級是二·七七句，而五年級則是三·七七句。

3. 複合句：一年級國語學習障礙兒童平均每篇作文上出現○·五五句的複合句，三年級是一·三七句，而五年級則是二·六二句。

4. 複雜句：一年級國語學習障礙兒童平均每篇作文上出現○·

三二句的複雜句,三年級是○‧六八句,而五年級則是○‧八七句。

研究結果顯示:

1. 一年級國語學習障礙兒童作文時最常使用的句子是簡單句(44.65％),其餘依序是破碎句(33.95％)、複合句(13.58％)和複雜句(7.82％)。

2. 三年級和五年級國語學習障礙兒童在句子類型的表現是類似的:最常使用的句子是簡單句,三年級是 50.30％,五年級是 49.53％;其次是複合句,三年級是 24.85％,五年級是 34.42％;而最少使用的句子則有所不同:三年級是複雜句(7.82％),五年級則是破碎句(4.77％)。進一步分析,可發現一年級國語學習障礙兒童寫成的破碎句(33.95％)多於三年級(12.42％)和五年級(4.77％)國語學習障礙兒童;而其複合句和複雜句則均少於三年級和五年級國語學習障礙兒童。

以上的研究結果顯示,國語學習障礙兒童在書寫語文句子類型的發展特徵如下:一、三、五年級最常使用的句子類型是簡單句,而一年級國語學習障礙兒童的破碎句多於三年級和五年級國語學習障礙兒童的破碎句。

五、國字──注音符號字比率

我國國民小學一年級兒童通常在寫作上同時使用國字和注音符號字(以注音符號字標注不會寫的國字)。前文指出,國內學者的研究結果指出,國小一年級兒童使用注音符號字寫作時,可

以表達更多的內容（柯華葳，民 74）。理論上的推論以及教學上的一般發現均相信，國小低、中、高年級在寫作時，使用注音符號字的次數會隨著年級的增高而減少。

而本研究的研究項目之一乃是探究其中的特徵和差異。

本研究有關我國國民小學一、三、五年級國語學習障礙兒童書寫語文作文的國字—注音符號字比率的結果如下：

1. 一年級國語學習障礙兒童平均在每篇自發性作文上使用的注音符號字是十九·○二字，三年級是六·二七字，而五年級則是一·七四字。

2. 一年級國語學習障礙兒童在作文中使用的注音符號字平均占其整篇作文字數的 38.20 ％，三年級是 6.61 ％，而五年級則是 1.20 ％。

上述研究結果顯示，國小國語學習障礙兒童在作文時，使用注音符號字的語文能力發展特徵與類型是：兒童使用注音符號字的次數隨著年級的增加而減少。

六、國字錯別字錯誤類型

前文指出，國內學者對國小兒童寫字錯別字的研究結果乃是本研究的重要依據與參考（柯華葳，民 74；柯華葳、尹玫君，民 76）。本研究的錯別字錯誤類型的研究包括國字錯別字和注音符號字錯別字錯誤類型分析。本研究有關我國國民小學一、三、五年級國語學習障礙兒童書寫語文作文國字錯別字錯誤類型的結果如下：

(一)國字錯別字錯誤類型的項目

1. 在一年級國語學習障礙兒童的作文上發現十二項國字錯別字錯誤類型：基本單位的添加、省略、替代、錯置和配置不當，筆畫的添加、省略和錯置，同音字，近似音字，以他字代替，以及部分鏡寫。

2. 在三年級國語學習障礙兒童的作文上發現十二項國字錯別字錯誤類型：基本單位的添加、省略、替代、錯置和配置不當，筆畫的添加、省略和錯置，同音字，近似音字，以他字代替和完全鏡寫。

3. 在五年級國語學習障礙兒童的作文上發現十二項國字錯別字錯誤類型：基本單位的添加、省略、替代、錯置和配置不當，筆畫的添加、省略和錯置，同音字，近似音字，以他字替代和部分鏡寫。

4. 一、三、五年級國語學習障礙兒童作文共同出現的國字錯別字錯誤類型計有十一項：基本單位的添加、省略、替代、錯置和空間配置不當，筆畫的添加、省略、錯置，同音字，近似音字和以他字替代等。

(二)在研究對象作文樣本中未出現的國字錯別字錯誤類型

1. 一年級國語學習障礙兒童作文上未出現的國字錯別字錯誤類型是基本單位顛倒、筆畫顛倒和完全鏡寫。

2. 三年級國語學習障礙兒童作文上未出現的國字錯別字錯誤類型是基本單位顛倒、筆畫顛倒和部分鏡寫。

3. 五年級國語學習障礙兒童作文上未出現的國字錯別字錯誤類型是基本單位顛倒、筆畫顛倒和完全鏡寫。

4. 一、三、五年級國語學習障礙兒童的作文上均未出現基本單位顛倒與筆畫顛倒的國字錯別字錯誤類型；一、三年級國語學習障礙兒童的作文上未出現基本單位顛倒和筆畫顛倒的錯誤；三、五年級國語學習障礙兒童的作文上未出現筆畫顛倒的錯誤類型。

5. 其中值得注意的現象是：一、三年級國語學習障礙兒童的作文上，未出現基本單位顛倒的錯誤類型，但五年級國語學習障礙兒童則有。

此外，三年級兒童的作文上未出現完全鏡寫的錯誤類型，而一年級和五年級國語學習障礙兒童則出現。相反地，一年級和五年級國語學習障礙兒童未出現部分鏡寫，但三年級國語學習障礙兒童則有。

(三)國字錯別字錯誤類型出現次序

1. 一年級國語學習障礙兒童作文國字錯別字錯誤類型出現次序依序是：(1)同音字（26.88 ％），(2)筆畫省略（18.13 ％），(3)近似音字和基本單位替代（均是 11.25 ％），(4)以他字替代（6.88 ％），(5)基本單位添加（5.62 ％），(6)筆畫添加、基本單位省略和基本單位配置不當（均是 4.38 ％），(7)筆畫錯置（3.13 ％），(8)基本單位錯置和部分鏡寫（均是 1.88 ％）。

2. 三年級國語學習障礙兒童作文國字錯別字錯誤類型出現次序依序是：(1)同音字（23.02 ％），(2)筆畫省略（20.24 ％），

(3)基本單位替代（11.90％），(4)近似音字（9.13％），(5)基本單位省略（8.33％），(6)筆畫添加（7.14％），(7)基本單位錯置（6.35％），(8)基本單位添加和以他字替代（均是 3.97％），(9)筆畫錯置（3.17％），(10)基本單位配置不當（2.38％）。

3. 五年級國語學習障礙兒童作文國字錯別字錯誤類型出現次序依序是：(1)基本單位替代（27.20％），(2)同音字（16.21％），(3)筆畫省略（15.93％），(4)基本單位省略（7.78％），(5)近似音字（8.52％），(6)以他字替代（7.42％），(7)基本單位添加（4.95％），(8)筆畫添加（4.67％），(9)基本單位配置不當（3.85％），(10)筆畫錯置（0.82％），(11)基本單位錯置（0.55％），(12)基本單位顛倒和部分鏡寫（均是 0.27％）。

上述研究結果顯示兩項兒童書寫語文能力的特徵：

1. 國小國語學習障礙兒童作文最常發生的國字錯別字錯誤類型是：同音字，基本單位替代，筆畫省略與近似音字。

2. 一、三、五年級國語學習障礙兒童的國字錯別字均出現鏡寫的錯誤類型。

七、注音符號字錯別字錯誤類型

本研究有關我國國民小學一、三、五年級國語學習障礙兒童書寫語文作文的注音符號字錯別字錯誤類型的結果如下：

(一)注音符號字錯別字錯誤類型的項目

1. 在一年級國語學習障礙兒童的作文上，發現八項注音符號字的錯別字錯誤類型：添加、省略、替代、顛倒、異符替代、調號添加、調號省略與調號替代。
2. 在三年級國語學習障礙兒童的作文上，發現五項注音符號字的錯別字錯誤類型：添加、省略、替代、異符替代與調號替代。
3. 在五年級國語學習障礙兒童的作文上，發現五項注音符號字的錯別字錯誤類型：替代、顛倒、異符替代、省略與調號替代。

(二)未出現的注音符號字錯別字錯誤類型

1. 一年級國語學習障礙兒童作文上未出現的注音符號字錯別字錯誤類型只有鏡寫一項。
2. 三年級國語學習障礙兒童作文上未出現的注音符號字錯別字錯誤類型是省略、顛倒、鏡寫、調號添加和調號省略等五項。
3. 五年級國語學習障礙兒童作文上未出現的注音符號字錯別字錯誤類型是添加、鏡寫和調號添加等三項。
4. 一、三、五年級國語學習障礙兒童的作文上均未出現鏡寫的錯誤類型；而三、五年級國語學習障礙兒童的作文上則均未出現鏡寫和調號添加的錯誤類型。

(三)注音符號字錯別字錯誤類型出現次序

1. 一年級國語學習障礙兒童作文注音符號字錯別字錯誤類型出

現次序依序是：(1)替代（48.42 ％），(2)調號替代（22.15％），(3)異符替代（17.41％），(4)省略（4.43％），(5)添加（4.11％），(6)調號省略（1.58％）和(7)顛倒與調號添加（均是0.95％）。

2. 三年級國語學習障礙兒童作文注音符號字錯別字錯誤類型出現次序依序是：(1)替代（66.97 ％），(2)調號替代（18.35％），(3)異符替代（11.01％），(4)省略（2.75％），(5)添加（0.92％）。

3. 五年級國語學習障礙兒童作文注音符號字錯別字錯誤類型出現次序依序是：(1)替代（61.69 ％），(2)調號替代（23.81％），(3)省略、異符替代（均是4.76％）和(4)顛倒、省略調號（均是2.38％）。

上述研究結果顯示兩項國語學習障礙兒童書寫語文能力的發展特徵：

1. 國小國語學習障礙兒童一、三、五年級作文以注音符號標注國字時，最常發生的注音符號字錯別字錯誤類型均是替代（含注音符號字與調號），分別高占 70.57 ％、85.32 ％和 85.72％。

2. 從錯別字總錯誤類型（包含國字錯別字和注音符號字錯別字）來分析：一年級國語學習障礙兒童錯別字的錯誤類型，是注音符號字錯誤類型（66.38 ％）多於國字錯別字（34.62 ％），而三年級和五年級國語學習障礙兒童則是國字錯別字（三年級是 69.81 ％，五年級是 89.66 ％）多於注音符號字錯別字（三年級是 30.19 ％，五年級是 10.34 ％）。

整體而言，一年級國語學習障礙兒童寫字錯別字錯誤類型按

其百分比的多寡依序是：(1)注音符號字替代（32.14％），(2)調號替代（14.71 ％），(3)異符替代（11.55 ％），(4)同音字（9.03％），(5)筆畫省略（6.09 ％），(6)基本單位替代和近似音字（均是 3.78％），(7)注音符號字省略（2.94％），(8)注音符號字添加（2.73 ％），(9)以他字替代（2.31 ％），(10)基本單位添加（1.89％），(11)基本單位省略、配置不當和筆畫添加（均是 1.47％），(12)筆畫錯置和調號省略（均是 1.05％），(13)基本單位錯置、部分鏡寫、注音符號字顛倒和添加調號（均是 0.63％）。

　　三年級國語學習障礙兒童寫字錯別字錯誤類型按其百分比的多寡依序是：(1)注音符號字替代（20.22 ％），(2)同音字（16.07％），(3)筆畫省略（14.13％），(4)基本單位替代（8.31％），(5)近似音字（6.37％），(6)基本單位省略（5.82％），(7)調號替代（5.54 ％），(8)筆畫添加（4.99％），(9)基本單位錯置（4.43％），(10)異符替代（3.32％），(11)基本單位添加、以他字替代（均是 2.77％），(12)筆畫錯置（2.22％），(13)基本單位空間配置不當（1.66 ％），(14)注音符號字省略（0.83 ％），(15)完全鏡寫和注音符號字添加（均是 0.28％）。

　　五年級國語學習障礙兒童寫字錯別字錯誤類型按其百分比的多寡依序是：(1)基本單位替代（24.38 ％），(2)同音字（14.53％），(3)筆畫省略（14.29％），(4)基本單位省略（8.37％），(5)近似音字（7.64 ％），(6)以他字替代（6.65 ％），(7)注音符號字替代（6.40％），(8)基本單位添加（4.43％），(9)筆畫添加（4.19％），(10)基本單位空間配置不當（3.45 ％），(11)調號替代（2.46％），(12)筆畫錯置（0.74 ％），(13)基本單位錯置、注音符號字省略和異符替代（均是 0.49％），(14)基本單位顛倒、部分鏡寫、注

音符號字顛倒和調號省略（均是 0.25 ％）。

綜合而言，我國國民小學一、三、五年級國語學習障礙兒童，在書寫語文作文上所表現的錯別字錯誤類型主要是：同音字、注音符號字替代、基本單位替代、筆畫省略和近似音字等五項。此外，異符替代與調號替代是一年級國語學習障礙兒童常發生的錯別字錯誤類型。

第三節　國小一年級一般兒童與三年級國語學習障礙兒童書寫語文能力的差異

本節係根據我國國民小學一年級一般兒童二三〇人和三年級國語學習障礙兒童一二〇人，在圖片故事語文測驗上所表現的書寫語文自發性作文樣本，經研究者針對作文產品（含總字數、總句數、平均每句字數）、語法（造句）商數、文意層次、國字—注音符號字比率、國字錯別字錯誤類型和注音符號字錯誤類型，進行評分，並統計其平均數、標準差、全距、百分比，與t考驗，藉以研討我國國民小學一年級一般兒童與三年級國語學習障礙兒童之間的書寫語文的產品（文章的總字數、總句數、平均每句字數）、語法（造句）商數、文意層次、句子類型、國字—注音符號字比率、國字錯別字錯誤類型，以及注音符號字錯別字錯誤類型有無顯著差異。

一、作文產品

　　本研究有關我國國民小學一年級一般兒童和三年級國語學習障礙兒童作文產品（含總字數、總句數、平均每句字數）、語法（造句）商數和文意層次平均數、標準差、全距和 t 考驗的統計結果如下：

　　三年級國語學習障礙兒童在作文產品的總字數和平均每句字數上的平均得分均高於一年級一般兒童，分別達到 0.05 和 0.01 的顯著差異水準。這種現象可能的解釋：一是三年級國語學習障礙兒童由於年齡比一年級一般兒童多兩歲，一般常識可能較豐富，因此在作文上要說的話也可能比較多；二是三年級國語學習障礙兒童的作文總句數比一年級一般兒童的總句數少的緣故。

　　此外，值得注意的是兩組在總字數、總句數和平均每句字數上的全距都相當大，特別是三年級國語學習障礙兒童在總字數、總句數和平均每句字數的全距甚大。

二、語法商數

　　我國國小一年級一般兒童在語法商數上平均得分（九十・三六），高於三年級國語學習障礙兒童的平均得分（九十・〇一），但兩組之間的差異並未達 0.05 的顯著差異水準。這種現象正符合學習障礙兒童鑑定標準中的「差距程度」的常識性觀點：即中年級學障兒童的成就水準必須低於一・五個年級（或年齡）的成就水準。換言之，三年級國語學習障礙兒童的國語文成就水平，應

該落在一年級（或二年級上學期）一般兒童的國語文成就的水平上。

　　三年級國語學習障礙兒童的用字錯誤、錯別字、標點符號錯誤和總錯誤的平均數均高於一年級一般兒童，但均未達 0.05 的顯著差異水準，而且各組各項錯誤占總錯誤的百分比也類似；此外，一年級一般兒童和三年級國語學習障礙兒童在三項語法錯誤的次序相同，依序是錯別字、用字錯誤和標點符號錯誤。

三、文意層次

　　我國國小一年級一般兒童的作文文意層次的平均得分（九‧九四），雖然高於三年級國語學習障礙兒童的文意層次平均得分（八‧七七），但兩者均屬於 PSLT 文意層次的同一層次，即層次三：具體—想像，而且兩組之間的差距未達 0.05 的顯著差異水準。

　　從 PSLT 文意層次的評分標準來分析，一年級一般兒童和三年級國語學習障礙兒童在作文文意層次上的實質差異如下：

1. 一年級一般兒童的作文文意特徵是：「圖片中的娃娃被擬人化（例如媽媽、爸爸、姊姊、妹妹、哥哥、弟弟或其他人物）。文章有主題，並陳述人物的關係」。此係文意層次量表的層次三第三級：九分，但復接近層次三第四級：十分的文意特徵：「文章的組織完整，每一個玩具人物都賦有動作行為。」

2. 三年級國語學習障礙兒童的作文文意特徵則是：「文章陳述圖片中男孩的行為與感受」，亦即文意層次量表的層次三第

二級：八分，但復接近層次三第三級：九分的文意層次。

　　此外，一年級一般兒童和三年級國語學習障礙兒童作文文意層次的全距均相當大，分別是○至二十二分和一至二十五分。

四、句子類型

　　本研究有關一年級一般兒童與三年級國語學習障礙兒童在作文句子類型的差異情形如下：

1. 一年級一般兒童的作文句子類型在破碎句上的平均得分（○·一二），低於三年級國語學習障礙兒童的平均得分（○·六八），而且兩組間的差距達 0.01 的顯著差異水準。此現象正是國語學習障礙兒童語文能力低成就特徵的最佳注解。由於其語法能力不足，因此，三年級國語學習障礙兒童的句子類型比一年級一般兒童出現較多的破碎句。

2. 一年級一般兒童作文句子類型在簡單句、複合句和複雜句上的平均得分（分別是三·六六，一·五四和一·○二），均高於三年級國語學習障礙兒童在上述三種句子類型的平均得分（分別是二·七七，一·三七和○·六八）；但在統計分析上，兩組間在簡單句和複合句的差異上並未達 0.05 的顯著差異水準。

   不過，兩組間的複雜句差距則達 0.05 的顯著差異水準。由於兒童需要較成熟的語法能力，才能寫出複雜句，三年級國語學習障礙兒童雖然年齡屬於三年級的層次，但由於造句能力不足，因而在複雜句的造句表現上顯著低於一年級的一般兒童。

3.從各種句子類型在兒童作文上出現的百分比來分析,可發現
兒童作文能力有關句子類型的發展類型:

(1)一年級一般兒童作文句子類型的發展類型,是簡單句(58.07
%)多於複合句(24.48 %),複合句又多於複雜句(16.21
%),而破碎句則最少,只占 1.93 %。

(2)三年級國語學習障礙兒童作文句子類型的發展類型,則是
簡單句(50.03 %)多於複合句(24.85 %),複合句多於
破碎句(12.42 %)和複雜句(12.27 %)。前兩者與一年
級一般兒童的發展類型一致,但後兩者則相異。一年級一
般兒童複雜句顯著多於破碎句(百分比為 16.21 %:1.93
%),但三年級國語學習障礙兒童卻是破碎句多於複雜句,
而且兩項的百分比總和(12.42 %+ 12.27 %= 24.69 %),
高於一年級一般兒童破碎句與複雜句的百分比總和(1.93
%+ 16.21 %= 18.14 %)。

上述統計資料一方面說明,國民小學低年級兒童(三年級國
語學習障礙兒童在鑑定上,其國語文成就落在低年級的水準上)
的作文句子類型,簡單句與複合句占最多數,兩者的平均數總合,
一年級一般兒童高達 82.55 %(58.07 %+ 24.48 %),而三年級
國語學習障礙兒童也高達 74.88 %。另一方面也可說明,三年級
國語學習障礙兒童由於國語文語法能力的不足,而在作文的句子
類型上出現下列兩種特徵:

1.破碎句的百分比多於複雜句的百分比(12.42 %:12.27 %),
一般兒童的作文句子類型的特徵則是複雜句的百分比多於破
碎句的百分比(16.21 %:1.93 %)。

2.比一年級一般兒童更多的破碎句(12.42 %:1.93 %)。

五、國字—注音符號字比率

本研究有關我國國民小學一年級一般兒童和三年級國語學習障礙兒童在作文上出現的國字—注音符號字比率的差異情形如下：一年級一般兒童在作文上，國字—注音符號字比率的平均得分（二十五・三八），高於三年級國語學習障礙兒童的得分（六・六九），兩組之間的得分差距高達 0.01 的顯著差異水準。

本研究結果顯示，一年級一般兒童比三年級國語學習障礙兒童，在作文上使用更多的注音符號字來完成其作文測驗，足證一年級一般兒童由於國字的認字與寫字能力不足以表達其思想，而必須借助注音符號字來書寫文字。本研究二三○位一年級一般兒童作文的一八四○二總字數中，包括一三七三二的國字和四六七○的注音符號字；而三年級國語學習障礙兒童的一一三八三總字數中，包含一○六二一國字和七六二注音符號字。

六、錯別字錯誤類型

本研究的錯別字包括國字錯別字和注音符號錯別字錯誤類型。本研究有關我國國小一年級一般兒童與三年級國語學習障礙兒童作文錯別字錯誤類型的差異分析如下：

1. 一年級一般兒童與三年級國語學習障礙兒童在下列作文錯別字錯誤類型上，出現顯著的差異：在基本單位省略、筆畫省略、部分鏡寫和注音符號字省略四項錯誤類型上，達 0.05 的顯著差異水準；而在基本單位添加、基本單位替代、基本單

位錯置、基本單位配置不當、筆畫錯置、同音字、以他字替
代、完全鏡寫、注音符號字添加和調號替代等十項錯誤類型
上,則高達 0.01 的顯著差異水準。

2. 一年級一般兒童與三年級國語學習障礙兒童在十四項國字錯
別字錯誤類型中,有十一項錯誤類型達統計上的顯著差異水
準,高占 78.57 %;在八項注音符號字錯別字錯誤類型中,
有三項錯誤類型達統計上的顯著差異水準,占 37.50 %;而
在總計二十二項的錯別字錯誤類型中,有十四項錯誤類型達
顯著的差異,占 63.64 %。

3. 整體而言,一年級一般兒童作文錯別字錯誤類型的特徵是:
注音符號字錯別字錯誤類型(55.89 %)多於其國字錯別字錯
誤類型(46.11 %),而三年級國語學習障礙兒童作文的錯別
字錯誤類型,則是國字錯別字錯誤類型(69.85 %)多於其注
音符號字錯別字錯誤類型(30.15 %)。

4. 比較兩組兒童兩項錯別字錯誤類型的百分比發現,在國字錯
別字錯誤類型上,一年級一般兒童的錯誤類型(46.11 %)少
於三年級國語學習障礙兒童(69.85 %);而在注音符號字錯
別字錯誤類型上,則一年級一般兒童的錯誤類型(55.89 %)
多於三年級國語學習障礙兒童的錯誤類型(30.15 %)。其可
能原因是三年級國語學習障礙兒童比一年級一般兒童使用較
多的國字作文(93.31 %:74.62 %),因此,一年級一般兒
童比三年級國語學習障礙兒童使用較多的注音符號字作文
(25.38 %:6.69 %)。

5. 比較兩組兒童各項錯別字錯誤類型發現:

(1)兩組兒童最多的錯別字錯誤類型同是注音符號替代(分別

占各組最高的百分比：29.83 ％與 20.22 ％）。

(2)兩組均未出現下列的錯別字錯誤類型：筆畫顛倒、注音符號字鏡寫和調號添加。

(3)一年級一般兒童未出現基本單位配置不當和完全鏡寫的錯誤類型，但三年級國語學習障礙兒童則有。

(4)三年級國語學習障礙兒童未出現基本單位顛倒和部分鏡寫的錯誤類型，但一年級一般兒童則有。

(5)兩組兒童較相近的錯別字錯誤類型計有：同音字（是一年級一般兒童的第三名錯誤類型，是三年級國語學習障礙兒童的第二名錯誤類型）、筆畫省略（是一年級一般兒童的第五名錯誤類型，是三年級國語學習障礙兒童的第三名錯誤類型）、近似音字（是一年級一般兒童的第四名錯誤類型，是三年級國語學習障礙兒童的第五名錯誤類型）。

(6)兩組兒童較相異的錯別字錯誤類型是：調號替代（是一年級一般兒童排行第二名的錯誤類型，是三年級國語學習障礙兒童的第七名錯誤類型）。

第四節　國小三年級一般兒童與五年級國語學習障礙兒童書寫語文能力的差異

本節係根據我國國民小學三年級一般兒童二三二人和五年級國語學習障礙兒童一一三人，在圖片故事語文測驗上所表現的書寫語文自發性作文樣本，經研究者針對作文產品（含總字數、總句數、平均每句字數）、語法（造句）商數、文意層次、句子類

型、國字—注音符號字比率、國字錯別字錯誤類型和注音符號字錯別字錯誤類型，進行評分，並統計其平均數、標準差、全距、百分比、與 t 考驗，藉以探討我國國民小學三年級一般兒童與五年級國語學習障礙兒童之間的書寫語文能力的產品（文章的總字數、總句數、平均每句字數）、語法（造句）商數、文意層次、句子類型、國字—注音符號字比率、國字錯別字錯誤類型，以及注音符號字錯別字錯誤類型有無顯著差異。

一、作文產品

本研究有關我國國民小學三年級一般兒童和五年級國語學習障礙兒童作文產品（含總字數、總句數、平均每句字數）、語法（造句）商數和文意層次平均數、標準差、全距和 t 考驗的統計結果如下：

五年級國語學習障礙兒童在作文產品的總字數、總句數和平均每句字數上的平均得分，均低於三年級一般兒童，在平均每句字數項目上達到 0.01 的顯著差異水準。這種現象驗證學習障礙兒童的鑑定標準，即五年級國語學習障礙兒童其國語文成就水準應落在三年級的程度上。

此外，值得注意的是兩組在總字數、總句數和平均每句字數上的全距都相當大，特別是五年級國語學習障礙兒童在作文產品的全距。

二、語法商數

　　我國國民小學三年級一般兒童在語法商數上平均得分（九十六・九五），高於五年級國語學習障礙兒童的平均得分（九十二・九五），且兩組之間的差異達到 0.01 的顯著差異水準。這種現象正符合學習障礙兒童鑑定標準的「差距程度」常識性觀點：即高年級學障兒童的成就水準低於二個年級（或年齡）的成就水準。換言之，五年級國語學習障礙兒童的國語文成就水平，應該落在三年級一般兒童的國語文成就的水平上。

　　進一步分析，從統計資料可發現，五年級國語學習障礙兒童的用字錯誤、錯別字、標點符號錯誤和總錯誤的平均數，高於三年級一般兒童，而且均達顯著差異水準，標點符號錯誤達 0.05，而用字錯誤、標點符號錯誤和總錯誤均達 0.01 水準。惟各組各項錯誤占總錯誤的百分比則類似。此外，兩組在三項語法錯誤百分比的次序略有不同，三年級一般兒童的語法錯誤依序是錯別字、用字錯誤和標點符號錯誤；而五年級國語學習障礙兒童的語法錯誤依序是用字錯誤、錯別字和標點符號錯誤。

三、文意層次

　　我國國小三年級一般兒童的作文文意層次的平均得分（十四・二四），高於五年級國語學習障礙兒童的文意層次平均得分（九・〇六），前者屬於 PSLT 文意層次的層次四：抽象─敘述的初級，而後者則屬於層次三：具體─想像的中級。而且兩組之

間的差距達 0.01 的顯著差異水準。

　　從 PSLT 文意層次的評分標準來分析，三年級一般兒童和五年級國語學習障礙兒童在作文文意層次上的實質差異如下：

1. 三年級一般兒童的作文文意特徵是：「玩具人物表現系列的活動，所有的玩具、人物屬於一個團體，例如一家人」。

2. 五年級國語學習障礙兒童的作文文意特徵則是：「圖片中的娃娃被擬人化，文章有主題，並陳述人物的關係」。

　　此外，三年級一般兒童和五年級國語學習障礙兒童作文文意層次的全距均相當大，分別是○至二十五分和一至二十五分。

四、句子類型

　　本研究有關三年級一般兒童與五年級國語學習障礙兒童在作文句子類型的差異情形如下：

1. 三年級一般兒童的作文句子類型在破碎句上的平均得分（○・○四），低於五年級國語學習障礙兒童的平均得分（○・三六），而且兩組間的差距達 0.01 的顯著差異水準。三年級一般兒童簡單句的平均得分（二・五四），也低於五年級國語學習障礙兒童的平均得分（三・七七），且達到 0.01 顯著差異水準。上述現象正是國語學習障礙兒童語文能力低成就特徵的最佳注解。由於其語法能力不足，因此，五年級國語學習障礙兒童的句子類型，比三年級一般兒童出現較多的破碎句和簡單句。

2. 三年級一般兒童作文句子類型在複合句和複雜句上的平均得分（分別是五・四七和一・八九），均高於五年級國語學習

　　障礙兒童在上述兩種句子類型的平均得分（分別是二‧六二和○‧八七）；且在統計分析上，兩組間在複合句和複雜句的差異上，達到 0.01 的顯著差異水準。由於兒童需要較成熟的語法能力才能寫出複雜句，五年級國語學習障礙兒童雖然年齡屬於五年級的層次，但由於造句能力不足，因而在複合句和複雜句的造句表現上，顯著低於三年級的一般兒童。

3. 兒童作文能力有關句子類型的發展類型如下：
   (1)三年級一般兒童作文句子類型的發展類型，是複合句（55.13％）多於簡單句（25.63 ％），而簡單句又多於複雜句（19.07 ％），破碎句則最少，只占 0.43 ％。
   (2)五年級國語學習障礙兒童作文句子類型的發展類型，則是簡單句（49.53 ％）多於複合句（34.42 ％），複合句多於複雜句（11.40 ％）；破碎句則是最少（4.77 ％）。

　　兩者相比較，可發現彼此不同的語文能力發展類型：

1. 三年級一般兒童的複合句和複雜句的平均得分，均高於五年級國語學習障礙兒童。
2. 五年級國語學習障礙兒童的破碎句和簡單句的平均得分，均高於三年級一般兒童的破碎句和簡單句的平均得分。
3. 三年級一般兒童複合句和複雜句百分比的總和（55.13 ％＋ 19.07 ％）是 74.20 ％，而五年級國語學習障礙兒童破碎句和簡單句百分比的總和（4.77 ％＋ 49.53 ％）則是 54.30 ％。
4. 兩組在句型的構造上最少寫成的句子均是破碎句，而且破碎句在平均每篇作文的總句型中只占極少數，三年級一般兒童的破碎句只占 0.43 ％，而五年級國語學習障礙兒童則占 4.77 ％。

上述語文能力的發展類型與特徵說明：一般兒童的作文能力隨著年齡的增長，其句子類型逐漸脫離破碎句和簡單句，而往較高層、較精緻結構的複合句和複雜句發展。五年級國語學習障礙兒童由於書寫語文能力發展的遲緩，因此其句子類型的發展雖然能脫離破碎句，但卻停留在簡單句，而未達到複雜句的充分發展。

五、國字—注音符號字比率

本研究有關三年級一般兒童與五年級國語學習障礙兒童在作文上出現的國字—注音符號字比率的差異情形如下：

本研究二三二位三年級一般兒童作文的四六一一九總字數中，包括四四七○三的國字和一四一六的注音符號字；而一一三位五年級國語學習障礙兒童的一六○二三總字數中，包括一五八○六國字和二八四注音符號字。

三年級一般兒童在作文上國字—注音符號字比率的平均得分（三‧○七），雖然高於五年級國語學習障礙兒童的得分（一‧七四），但兩組的百分比均甚微小，兩組之間的得分差距未達 0.05 的顯著差異水準。

本研究結果顯示，五年級國語學習障礙兒童雖然是高年級的學生，但在作文時仍和屬於中年級的三年級一般兒童一樣，使用類似百分比的注音符號字來作文。

六、錯別字錯誤類型

本研究的錯別字包括國字錯別字和注音符號字錯別字錯誤類

型。本研究有關我國國小三年級一般兒童與五年級國語學習障礙兒童作文錯別字錯誤類型的差異分析如下，而其錯別字錯誤類型例字如表 2-1、2-2（第 22～26 頁）。

1. 三年級一般兒童與五年級國語學習障礙兒童在下列作文錯別字錯誤類型上，出現顯著的差異：在筆畫錯置、近似音字和注音符號添加三項錯誤類型上，達 0.05 的顯著差異水準；而在基本單位添加、基本單位省略、基本單位顛倒、基本單位配置不當、筆畫添加、筆畫省略、以他字替代、部分鏡寫、注音符號字省略、顛倒和調號省略等十一項錯誤類型上，則高達 0.01 的顯著差異水準。

2. 三年級一般兒童與五年級國語學習障礙兒童在十五項國字錯別字錯誤類型中，有十一項錯誤類型達統計上的顯著差異水準，高占 73.33 %；在九項注音符號字錯別字錯誤類型中，有四項錯誤類型達統計上的顯著差異水準，占 44.44 %；而在總計二十四項的錯別字錯誤類型中，有十五項錯誤類型達 0.05 以下的顯著差異水準，占 62.50 %。

3. 整體而言，三年級一般兒童作文錯別字錯誤類型的特徵是：注音符號字錯別字錯誤類型（12.14 %）低於其國字錯別字錯誤類型（87.86 %），而五年級國語學習障礙兒童作文的錯別字錯誤類型，也是注音符號字錯別字錯誤類型（10.34 %）低於其國字錯別字錯誤類型（89.66 %）。

4. 比較兩組兒童兩項錯別字錯誤類型的百分比發現，在國字錯別字錯誤類型上，三年級一般兒童的錯誤類型（87.86 %）少於五年級國語學習障礙兒童（89.66 %）；而在注音符號字錯別字錯誤類型上，則三年級一般兒童的錯誤類型（12.14 %）

多於五年級國語學習障礙兒童的錯誤類型。

［第五章］

書寫語文學習障礙的評量與診斷

第一節　特殊教育學生的臨床診斷

　　本節敘寫特殊教育學生的臨床診斷，其內容包括診斷的意義、類型、過程（四階段七步驟）、內涵與方法。筆者強調診斷的五大要務：1.診斷模式、2.診斷方法、3.診斷問題、4.診斷報告與5.個別化教育計畫等。

一、診斷的意義

　　診斷是有效教學的基礎與重要過程，包括教學活動的肇始過程、貫穿或銜接過程，與終結過程。診斷並非單純的施測，而是相當複雜的過程，係指專業人員依據自己的專業知能訓練以及專業的臨床經驗，運用各種方法蒐集與研析個案的有關資料，對個案的現況提出診斷問題與假設，進而應用各種客觀的方式推論問題與驗證假設，最後並對個案的問題做決策，包括分析成因，鑑定類型與性質，以及設計策略等過程。

二、診斷的類型

　　特殊教育常用的診斷類型之一乃是區別診斷（differential diagnosis）（Myklebust, 1954; Johnson & Blalock, 1987），或稱通盤性研究（comprehensive study）（Johnson, 1983）、密集式心理教育評量（the intensive psychoeducational evaluation）（Johnson,

1977）。區別診斷涵蓋篩選、鑑定與診斷三種層次和功能：

(一)篩選層次和功能

又稱一般診斷（Brueckner & Bond, 1955）、調查診斷或教學評量（Otto & McMenemy, 1966），由級任教師蒐集學生基本資料，實施成就測驗和團體智力測驗等，藉以評量學生的成就水準以及發現學習問題學生，並評鑑教學與課程的適當性，俾擬定教學措施。

(二)鑑定層次和功能

又稱特定診斷、個別診斷或試驗性診斷（Otto & McMenemy, 1966），由級任教師或特殊教育教師實施特定的學習測驗和個別智力測驗等，全盤地檢查學生的表現與成就的優缺點，困難和問題的類型、性質與程度，強勢和弱勢的學習能力以及其學習風格，藉以擬定教學計畫。

(三)診斷層次和功能

又稱個案研究（Brueckner & Bond, 1955）或密集診斷（Otto & McMenemy, 1966），由特殊教育專業團隊的專業人員及教師等有關人員，經由協同工作方式，進行心智、認知、心理歷程、學業、行為或情緒等評鑑，藉以蒐集、建立與分析學生的資料，確定學生問題的成因、類型、性質與程度，學習成就、學習能力和學習風格，並據以設計教學和輔導策略。

三、診斷的過程、內涵與方法

前文指出，診斷是相當複雜的過程，茲列舉 Lerner（1971, 1981），Kirk 與 Kirk（1976），以及 Johnson 與 Blalock（1987）等學者專家所倡導的診斷流程，如表 5-1，並簡要說明如後。

表 5-1　學習障礙診斷的流程

Lerner, 1971	Kirk & Kirk, 1976	林美和，民 70	Johnson & Blalock, 1987	楊坤堂，民 85
				1.篩選
			1.轉介或接案	2.轉介或接案
			2.蒐集資料	3.資料蒐集與建立
1.分析與闡釋資料	2.發現成因	2.分析過程	3.研析成因	4.鑑定
	1.決定問題類型（學習與行為）	1.鑑定過程	4.確定問題性質與範圍	5.診斷
2.做成診斷假設	3.設定診斷假設		5.驗證假設	
3.設計教學計畫	4.設計教學計畫	3.計畫過程	6.做決策	6.教育安置
				7.教育服務

注：阿拉伯數字代表診斷流程的先後次序。

Lerner（1976, 1981）建議三步驟的診斷過程：

1. 分析與闡釋資料：鑑定學生有無障礙，障礙的層面、性質與成因，學生的行為特徵以及學習風格（諸如資訊處理能力、學習通道的強弱勢與學習策略）等。
2. 做成診斷假設。
3. 設計教學計畫。

Kirk 與 Kirk（1976）主張四步驟的診斷過程：

1. 決定學生的學習問題與行為問題的類型。
2. 發現問題的心理、生理和環境的成因。
3. 依據行為分析與相關因素設定診斷假設。
4. 設計教學計畫：根據學生的問題類型、成因與診斷假設設計系統化的教學措施。

林美和（民 70）提出三程序的診斷過程：

1. 鑑定過程：教師以智力測驗和學習能力測驗決定學生學習問題的性質，以成就測驗評量學生的學業成就，並以適當的評量公式評鑑學生的學習能力水準。
2. 分析過程：教師進行資料闡釋，分析學生的學習問題所在與學習通道的強弱勢。
3. 補救教學計畫過程：教育診斷的最終目的在釐定系統化的補救教學計畫。

Johnson 與 Blalock（1987）倡導六步驟的診斷過程：

1. 轉介或接案。
2. 蒐集資料：教師經由衡鑑、評量、測驗、非正式討論、臨床觀察與臨床教學，蒐集學生的有關資料。
3. 研析成因：教師研究學生各種符號（語言文字）系統、學習

歷程與問題解決策略之間的關係。

4. 確定問題的性質與範圍。

5. 驗證假設。

6. 做決策。

綜上所述，特殊教育學生的學校系統完整的診斷過程，宜包括下列四階段與七步驟：

(一)四階段的診斷過程

1. **篩選階段**：通常由級任教師以有關學生的身心障礙、認知、學習、行為或情緒問題的檢核表、評定量表或問卷，篩選疑似特殊教育學生。

2. **鑑定階段**：一般由特殊教育教師及診療人員所組成的專業團隊成員，對疑似特殊教育學生實施有關學生特殊教育需求的測驗，諸如身體、健康、感官、心智、學業以及學習能力檢驗或衡鑑，藉以鑑定學生接受特殊教育的合法性、特殊教育的類型與安置。

3. **臨床教學診斷階段**：特殊教育教師在特殊教育學生鑑定之後，實施特殊教育服務之前，除了研析鑑定資料外，還必須對特殊教育學生實施更周全完備的測驗與診斷，俾發現學生特殊教育需求的性質與程度，學習或行為問題的現況，學習能力的強弱勢與學習成就的優缺點，據以設計教學與輔導策略。

4. **醫學診斷階段**：特殊教育教師依據特殊教育學生的身心障礙狀況，建議學生家長，轉介特殊教育學生接受適當的醫學診斷，諸如神經檢驗、職能治療評估、物理治療評估、語言治療評估或心智評估等。醫學診斷視特殊教育學生的實際需要，

可在鑑定階段之際，或在臨床教學診斷階段之後實施。

(二)七步驟的診斷過程

1. **篩選**：級任教師或家長以學習障礙或情緒障礙檢核表（或評量表），依據平常觀察和晤談學生的結果，進行篩選工作。

2. **轉介**：級任教師或家長根據篩選的結果，填寫轉介表，將疑似學習障礙或情緒障礙學生轉介到輔導室。

3. **資料蒐集與建立**：特殊教育教師經由觀察、晤談、測驗和檔案資料分析等方法，依據身心障礙及資賦優異學生鑑定標準（教育部，民 91）的學習障礙或情緒障礙學生鑑定原則與鑑定基準，蒐集與建立學生的相關資料。

4. **鑑定**：特殊教育教師按照身心障礙及資賦優異學生鑑定標準的學習障礙或情緒障礙學生鑑定原則與鑑定基準，進行學習障礙或情緒障礙學生的鑑定工作。

5. **診斷**：個案的資料是診斷的基礎，診斷乃是針對個案的資料提出問題與假設，推論問題，驗證假設以及做決策的過程，而診斷的目的在探究個案的現況，分析成因，鑑定類型與性質，以及設計策略（包括安置與處遇措施）等。診斷的主要內涵計有診斷模式、診斷方法、診斷問題、診斷報告，與個別化教育計畫等。

(1)診斷模式

諸多學者專家提出各種特殊教育學生的診斷模式，其中之一的系統分析基模（Schema for Systems Analysis）（Johnson, 1987），乃結合神經心理學與資訊處理心理學的理論和技術發展而成，對特殊教育學生的臨床診斷甚具實

用價值與功能。Johnson 和 Myklebust（1967）認為，個體擁有多重感官體系，從環境中接受資訊，並經由中央神經系統處理資訊，而以不同的行為模式反應。教師從事臨床教學，在診斷學生時，應分析學生的困難與問題是屬於輸入（接受環境刺激的感官體系與功能）、統整過程（或稱心理過程，經驗層次），或輸出（個體的反應體系或功能）體系。教師依據系統分析模式來分析學習工作和分析學生的表現。教師選擇測驗工具時，亦必須考慮輸入的性質、各種認知歷程和反應方式。分析結果時要假設錯誤的性質，必要時再設計其他的學習活動來檢驗有關的特定障礙的假設。其目的在決定學生的問題是在訊息的傳達（輸入或輸出），或在儲存與使用資訊，或在統整和意義化的過程與作用上，藉以設計適當的教學措施，以及改善學校的教育環境。

　　此外，體系互動論（楊坤堂，民 83）亦屬一種可供參考與應用的診斷模式，體系互動論的主要概念是個體係一統整性的心身境實體（psychosomatice cological unity or reality），主張對學生的行為問題採取多元科際診斷與處遇（multidisciplinary diagnosis and treatment），從心理、認知、生物、遺傳、神經、感官和生態觀（psychocognibiogeneticneurosensoriecological perspective），進行診斷和處遇。體系互動論認為，學生的學習或行為問題的成因分析，可概分為個體成因分析和環境成因分析兩種範疇。

A.個體成因分析：包括發展和學習兩項因素。

　a. 發展因素：人類的行為有些是個體身心發展的自然結

　　果，診療人員在診斷時，必須分析學生學習問題的發
　　展因素是屬於缺陷，抑或是遲緩現象。

　　b. 學習因素：人類的行為有些是個體學習的人為結果，
　　診療人員在診斷時，必須分析學生行為和學習問題與
　　下列學習因素的關係：學習能力、學習動機、學習策
　　略（林美和，民79）、學習機會和學習正誤。

B.環境成因分析：計有家庭、同儕、教師、學校、社區和
　社會等因素。教師進行學生行為與學習問題的臨床診斷
　時，必須分析學生的環境因素，俾確定學生的問題類型，
　例如，是文化不利學生抑或是學習障礙學生；以及據以
　設計適當的處遇措施，例如，社會療法、醫學療法、教
　育療法或是行為療法。

(2)診斷方法

　　學校要組成特殊教育專業團隊，經由科際統合的協同
工作，執行特殊教育學生的診斷工作。診斷需要了解學生
的學習與行為的常態與異常，觀察潛在的障礙和各種缺陷
的症狀。由於特殊教育學生具有異質團體的特徵，表現不
同的徵狀，因此，臨床診斷須鑑定學生的潛在問題。為了
進一步確定其問題，須診斷學生的注意力、知覺作用、記
憶力和概念作用等心理過程，俾以檢驗其低成就的相關因
素。上述過程不能單獨研究，而必須和各項符號行為（如
語言、閱讀或書寫）一起探究。詳盡的錯誤分析（error
analysis）和類型分析（pattern analysis），提供未來的「假
設測試」和「資訊評估」的基礎；並根據診斷資料設計補
救教學措施與教育環境的調整和改善。必要時，進行轉介，

提供醫學和（或）職能訓練和安置與處遇。因此，特殊教育學生診斷的主要目標，是決定學生強勢與弱勢能力的類型與性質、原因與程度。為了達成上述的診斷目標，診斷者需要進行系統分析（system analysis）（Johnson, 1987），因為經由系統分析可確定學生學習能力的實況，以及學習問題的區域（或層次）。特殊教育教師除考慮運用上述的系統分析基模與體系互動論，進行特殊教育學生的臨床診斷外，亦可參考 Johnson 和 Blalock（1987）的建議：

A.從最初的接案到最後的診斷會議，在診斷研究時宜統整 a. 學生的現況與問題、b. 學生先前的個案紀錄與個案歷史、c.客觀的測驗資料，以及 d. 臨床觀察的發現，進行資料的綜合與分析，假設的驗證與推論以及做決定。

B.在臨床診斷過程中，a. 要不斷地就既有的或觀察到的行為提出問題，b. 得自不同來源的資料要相互對照，c. 從個案歷史中取得的最初印象，要在整個測驗評鑑過程中印證與檢驗，d. 在測驗過程中所發現的問題亦需要深入調查與研究。

(3)診斷問題

　　特殊教育學生的診斷過程中，特殊教育教師針對個案的有關資料提出診斷問題，是高難度的專業知能，亦是相當重要的診斷工作。因為診斷問題影響診斷的方向、方法與結果，因此，診療人員必須審慎地提出診斷問題，仔細地驗證與推論問題。例如，成因分析時，診斷問題包括問題成因是學生的心智能力，抑或是情緒與行為問題？是身心發展的成熟因素，抑或是學習因素？是生理因素，抑或

是環境因素？是中樞神經系統因素，抑或是末梢神經系統因素？是中樞神經系統的發展遲緩、缺陷，抑或是疾患？各項問題或障礙之間是因果關係，抑或是相關關係？

(4) 診斷報告

診斷過程的最後工作乃是撰寫診斷報告，而特殊教育學生的教學計畫係依據診斷報告而設計的。美國特殊教育法令規定，特殊教育教師必須在特殊教育學生鑑定之後，安置之前，為個別特殊教育學生撰寫診斷報告，並據以擬定個別化教育計畫。惟若以台北市國民小學特殊教育學生的鑑定與安置實施方案而言，特殊教育教師可在特殊教育學生鑑定與安置之後，實施特殊教育之前，為個別特殊教育學生撰寫診斷報告以及擬定個別化教育計畫。

(5) 個別化教育計畫

診斷的最終目的，在為特定學生設計滿足其獨特教育需求的個別化教育計畫，而個別化教育計畫的內容簡而言之宜包含：學生的基本資料、診斷資料、教學資料、輔導資料以及相關資料等。

6. **教育安置**：診斷的主要目的之一，乃是依據診斷的結果適當地安置特殊教育學生，易言之，診斷結果是安置的基礎。

7. **教育服務**：診斷的主要目的之一，係依據診斷的結果設計適當的教育服務。

第二節　書寫語文學習障礙的評量與診斷

　　書寫語文技巧的評量強調正確性和內涵或產品（production）。教師一般使用非正式的評量法來評量學生的書寫語文能力，其評量的內涵包括思想（或內容）、組織技巧（文章結構）、字彙、句子結構和寫字（錯別字和書法的好壞）。一般教師評量學生書寫語文的考量項目，和 Diederich（1974，引自 Hall, 1981）所描述的相當類似。Diederich 建議評量學生的作文內涵是思想、句子結構、標點、寫字、組織、字彙和品味（諸如風格、原創性、趣味等）。雖然教師使用非正式評量方式，但一般而言，教師實際上使用整體評量法（holistic ratings）來評量學生的書寫語文。由於兒童的作文可以用來分析其語文能力，包括語法、語形、語音、字彙，以及語用等（Lund & Duchan, 1988），因此，教師可從學生的自發性作文樣本，分析其書寫語文的作文產品（字數與句數）、語法（或造句）、文意層次、字彙和寫字錯別字錯誤類型等。

　　Hall（1981）認為，語文能力的評量是相當複雜的過程，任何一種語文能力評量工具和方法，都無法充分而有效地評量兒童的語文能力。多年來，許多學者、研究人員與教育工作者一直關心並重視語文能力評量工具和方法的研發（林千惠，民 90a；林寶貴、黃瑞珍，民 88；林寶貴、錡寶香，民 89；楊坤堂，民 86；楊坤堂、李水源、吳純純、張世彗，民 89）。目前一般趨勢是以「在測驗情境下取得兒童的寫作樣本」，來取代「類化的成就測

驗」。寫作能力評量始於提供學生充分而適當的寫作引導，促成學生發揮其真正的寫作能力，並激發學生產生其代表性的寫作成品。而影響學生書寫能力表現的因素包括寫作題目的選擇、作文的文體、寫作的提示、寫作時間的長短、評分的方法及評分的訓練等（Brand, 1991; Brown, Hilgers, & Marsells, 1991; Engelhard, Goreon, & Gabrielson, 1991）。我國著名特殊教育學者林寶貴和黃瑞珍（民 88），即依照上述的寫作能力評量程序，以及考慮前述影響學生書寫能力表現的因素，以一○八名國小五年級學生在自然情境下完成的記敘文和論說文的寫作語料，進行國小兒童書寫語言評量指標研究；其研究結果發現，比較低、中、高三組不同語言能力的學生，在句子總數量上並無顯著差異，但在句子結構（例如句型）的複雜性上有顯著差異，而且句子長度（含字或詞）和詞彙廣度（含總字數、總詞數、相異詞、非常用字、非常用詞、校正過的相異詞比例）均可用作書寫語言的評量指標。而特殊教育名學者林寶貴和錡寶香（民 89）更以六二○名國小三至五年級學生為樣本，研發國小兒童書寫語文測驗工具。楊坤堂、李水源、張世彗、吳純純（民 89）則以一千八百位國小一至六年級學生為樣本，編製兒童書寫語文能力診斷測驗工具。

　　林千惠（民 90a）指出，寫字能力評量可分成下列四種：錯誤分析法（含質的評量和量的評估）、常模參照或標準參照測驗法、晤談法以及直接觀察法。林千惠（民 90b）亦根據學童寫字問題的成因，設計書寫先備能力分析表及兒童書寫問題可能原因分析表，可提供教師評量與鑑定學生寫字問題的參考和應用。

　　Kirk 和 Kirk（1976）根據心理語言學的理論主張，以測驗分析兒童語言發展的優劣情形，並依據測驗結果設計補救教學。Kirk

和 Kirk（1976）所研發的伊利諾心理語言能力測驗（The Illinois Test of Psycholinquistic Abilities; ITPA），把語言測驗分成下列兩類十二項測驗（如圖 5-1）。

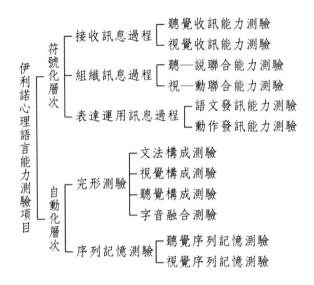

圖 5-1　伊利諾心理語言能力測驗（ITPA）內容（Kirk & Kirk, 1976）

　　事實上，如前文所述，語文系統的內涵包括文法、語意和語用三大種類，以及語音（phonology）、語形（morphology）、語法（syntax）、字庫、語意（semantics）關係、文理脈絡（contexts）和語文功能等七項語文能力。因此，一般而言，語文評量包括：

1. 語文形式（forms）：含有語音、語法和語形。
2. 語文內容（content）：在評量語文的語意。
3. 語文用途（usage）：包含功能和文理脈絡。

　　以書寫語文測驗為例，美國西北大學學習障礙中心的書寫語文測驗包含：

　1. 拼字

　　⑴成就測驗（Wide Range Achievement Test-Revised; WRAT-R）。

　　⑵拼字測驗（Test of Written Spelling; TWS）。

　　⑶畢堡德個人成就測驗（Peabody Individual Achievement Test; PIAT）。

　　⑷書寫語文測驗（Test of Written Language; TOWL）。

　　⑸圖片故事語文測驗（Picture Story Language Test; PSLT）。

　2. 文法、標點符號測驗

　　⑴書寫測驗（TOWL）。

　　⑵造詞測驗。

　　⑶圖片故事語文測驗（PSLT）。

　3. 組織能力、創造力、構句能力

　　⑴書寫測驗（TOWL）。

　　⑵造句測驗。

　　⑶圖片故事語文測驗（PSLT）。

　4. 寫字能力

　　⑴寫字作業。

　　⑵圖片故事語文測驗（PSLT）。

　　⑶抄寫作業。

　　⑷自發性作文樣本。

　　有關書寫語文評量法有兩大主張：一是質的分析（the analysis of the qualitative），其二是量的評量（the quantitative measure）

（Hall, 1981）。質的分析包括：寫作風格、組織、意義（內容、思想、文意層次）、目的和書法，必須使用兒童的作文樣本來分析。量的評量包括：字彙、知識、文法用法、寫字（錯別字）、標點、句子（種類、數目），可採標準化測驗工具來評量。而書寫語文能力評量的重點之一乃是書寫語文的錯誤類型分析，主要包括寫字（graphic）、拼字（含 orthographic 和 phonologic）、語法、語意和自我監控技巧（self-monitoring skills）六項（Weiner, 1980）。

　　教師如欲評量學生的寫字和作文（written language）的學習結果，可採用下列六種評量方式進行（Hall, 1981）：正式評量、非正式教師評量、整體評量（holistic）、評定量表、同儕評量和自我評量。

1. 正式評量

　　正式評量包含兩種方式，即標準化成就測驗和標準化診斷測驗。標準化成就測驗在測量學生的字彙知識、文法用法、標點符號和拼（寫）字的能力與學習結果。而標準化診斷測驗在鑑定學生的寫字與作文能力的優缺點。正式評量又含標準化成就測驗和標準化診斷測驗。美國目前廣被採用的書寫語文能力標準化診斷測驗主要有三種：(1)The Picture Story Language Test（Myklebust, 1965），(2)The Test of Written Language（Hammill & Larsen, 1988），(3)The Diagnostic Evaluation of Writing Skills（Weiner, 1980）。而我國現有兒童寫作能力測驗（陳英豪、吳裕益、王萬清，民 77）、國小作文能力測驗（葉靖雲，民 87）、國小兒童書寫語文測驗（林寶貴、錡寶香，民 89），以及國小兒童書寫語文能力診斷測驗（楊坤堂、李水源、張世彗、吳純純，民 91）等書

寫語文標準化測驗工具。

2. 非正式教師評量

　　非正式教師評量法的評量內容包括學生作品的思想、組織、字彙、品味（即個人特質，諸如風格、個性、獨創力、趣味等）、句子結構、用法、標點符號，以及錯別字。表 5-2 書寫語文能力非正式評量表（美國西北大學學習障礙中心，1989）即其一例。

表 5-2　書寫語文能力非正式評量表（美國西北大學學習障礙中心，1989）

平均句長字（詞）數＝＿＿＿＿　句數＝＿＿＿＿
字（詞）數／句數＝＿＿＿＿　（平均句長）

評語：

句子類型

句型	次數	句型	次數
破碎句			
簡單句			
複合句			
複雜句			

評語：

字（詞）彙　不同字（詞）的數目（types）＝＿＿＿＿
　　　　　　總字（詞）數（total）＝＿＿＿
　　　　　　types ／ total ＝＿＿＿（TTR）
　　　　　　評語：

不尋常字　字數（即新字或生字：課本上未出現的字詞或兒童新使用的字詞）＝＿＿＿＿
　　　　　　評語：

結構　錯誤總數＝＿＿＿＿總字數＝＿＿＿＿
　　　（總字數－錯誤總數）／總字數亘 100 ＝＿＿＿＿（GCR）
　　　評語：
結構錯誤分析（Structural Error Analysis）

錯誤類型	次　數

評語：
內容（圈選一項）　　　　　　　　　優　良好　普通　差
問題：
・文章內容與題目相關一致？　　　　　　　　　　　　是　否
・文章表達原創性思考？　　　　　　　　　　　　　　是　否
・兒童在文章中表達自己的觀點？　　　　　　　　　　是　否
・兒童的思想表達井然有序、條理分明、合乎邏輯序列？是　否
・兒童對主題具有基本的興趣？　　　　　　　　　　　是　否
・兒童表現寫作的動機？　　　　　　　　　　　　　　是　否

3. **整體（holistic）評量**

學生寫作能力的整體印象，不做詳細的錯誤分析。

4. **評定量表（Rating Scales）**

教師依據評定量表所列的項目，評量學生的寫作能力，評量的項目包括思想、組織、措詞用字、品味、用法、標點和錯別字。

5. **同儕評量**

採用評定量表或特定的引導式問題，在教師的協助下，學生相互評量。

6. **自我評量**

採用評定量表或特定的引導式問題，在教師的協助下，學生

進行自我評量。

　　特殊教育教師可以採用「國小兒童書寫語文測驗」（林寶貴、錡寶香，民 89）或「國小兒童書寫語文能力診斷測驗」（楊坤堂、李水源、張世彗、吳純純，民 91），並輔以 1.字彙分析、2.詞型分析、3.句子類型分析、4.國字與注音符號字比例分析、5.國字錯別字錯誤類型分析，以及 6.注音符號錯別字錯誤類型分析等，來分析學生的書寫語文的產品（含作文的總字數、總句數、平均每句字數或平均每句句長）、造句商數、文意層次、字彙、詞型、句子類型、國字—注音符號字比率、國字錯別字錯誤類型，以及注音符號錯別字錯誤類型等。

　　「國小兒童書寫語文測驗」（林寶貴、錡寶香，民 89）適用於篩選國小三至六年級書寫語言表達有困難的學童，本測驗包含五個分測驗：1.聽寫測驗、2.句子結合測驗、3.筆畫加減測驗、4.國字填寫測驗，以及 5.造句測驗。

　　「國小兒童書寫語文能力診斷測驗」（楊坤堂、李水源、張世彗、吳純純，民 91）適用於診斷國小一至六年級書寫語言障礙的學童，本測驗包含三個分測驗：1.作文產品量表（含總字數、總句數、平均每句字數）、2.造句（語法）量表（含用字、錯別字與標點符號錯誤類型分析以及造句商數計算）和 3.文意量表（請參閱本章第三節：書寫語文學習障礙學生的診斷報告實例）。

1.產品量表
　總字數：＿＿＿＿＿＿　總句數：＿＿＿＿＿＿
　平均每句字數：＿＿＿＿＿＿

2.造句（語法）量表

錯誤類型	錯　誤　類　型			
錯誤類型	用字	錯別字	標點符號	總計
添加				
省略				（TO）
替代				
字序		其他：		
總計	（WU）	（CF）	（P）	（TE）

字數（NW）＿＿＿＿＋總省略（TO）＿＿＿＿＝總單位（TU）＿＿＿＿
總單位（TU）＿＿＿＿－總錯誤（TE）＿＿＿＿＝總正確（TC）＿＿＿＿
TC＿＿＿＿/TU＿＿＿＿互 100%＝＿＿＿＿造句商數（SQ）

（改自 Myklebust, 1965）

3.文意量表

　　文意（抽象—具體）量表（改自 Myklebust, 1965）

抽象—具體	得分層次（打 V）	分數（圈選數字）
層次一：無意義語句		0
層次二：具體—描述		1　2　3
層次三：具體—想像		4　5
層次四：抽象—描述		6　7
層次五：抽象—想像		8　9　10

(1)字彙分析

　　不同字總字數（types）＿＿＿＿＿＿

　　總字數（tokens）＿＿＿＿＿＿

　　types/tokens ＝＿＿＿＿＿＿（TTR）（Johnson, 1944）

(2)詞型分析

詞　　型	次　　數	詞
名詞		
代名詞		
動詞		
形容詞		
副詞		
介系詞		
連接詞		
驚嘆詞		
句尾助詞		
量詞		

(3)句子類型分析

詞　　型	次　　數	例　　句
破碎句		
簡單句		
複合句		
複雜句		

(4)國字與注音符號字比例分析

總字數：＿＿＿＿＿＿

總注音符號（字）：＿＿＿＿＿＿

總注音符號（字）／總字數×100＝＿＿＿＿＿＿

(5)國字錯別字錯誤類型分析

國字錯別字錯誤類型分析表

錯誤類型	次數	錯別字
添加基本單位		
省略基本單位		
替代基本單位		
錯置基本單位		
顛倒基本單位		
基本單位空間配置不當		
添加筆畫		
省略筆畫		
錯置筆畫		
顛倒筆畫		
同音字		
近似音字		
以他字替代		
完全鏡寫		
部分鏡寫		

(6)注音符號錯誤字錯誤類型分析

注音符號錯誤字錯誤類型分析表

錯誤類型	次數	錯別字
添加注音符號		
省略注音符號		
替代注音符號		
顛倒注音符號		
鏡寫注音符號		
以不同注音符號替代		
添加調號		
省略調號		
替代調號		

第三節 書寫語文學習障礙學生的診斷報告實例

前文指出,特殊教育學生的教學施行臨床教學,而臨床教學的流程是診斷先於處遇,認識學生先於教育或輔導學生。書寫語文障礙學生的書寫語文教學自然依循臨床教學的過程,先對疑似學習障礙學生實施國民中小學學生學習行為檢核表(孟瑛如,民91),或學習行為特徵檢核表(吳武典、林幸台、吳鐵雄、楊坤堂,民79),從中發現疑似書寫語文障礙學生;接著施行國小兒童書寫語文測驗(林寶貴、錡寶香,民89),或國小兒童書寫語文能力診斷測驗(楊坤堂、李水源、張世彗、吳純純,民91),藉以鑑定與診斷其書寫語文能力的問題及其強勢和弱勢的書寫語文能力;並據以設計書寫語文的教學活動。茲試舉國小兒童書寫語文能力診斷測驗報告為例,說明如後:

國小兒童書寫語文能力診斷測驗分析表

學校: 國小 施測者:劉惠珠 填表日期: 年 月 日

學生編號:1

一、學生基本資料

　　姓名:○○○ 性別:男 年齡:10歲(四年級)

二、轉介原因:該生常常寫字同音異字,家長不了解是何原因造成,懷疑生理因素或閱讀書籍量不多,因此要求為其孩子找出問題。針對此原因,施測者在觀察該生學科情形,上課狀況,並與導師溝通,了解該生在學校普通班屬於中上程度,學習狀況良好,

---

但家長要求高,投入許多心力於該生教育上。因此,未施予該生魏氏智力測驗,而施予「國小兒童書寫語文能力診斷測驗」。

三、施測結果:

作文產品量表

*1.*總字數:232 *2.*總句數:26 *3.*平均每句字數:9

造句(語法)量表

錯誤類型	錯　誤　類　型			
錯誤類型	用字	錯別字	標點符號	總計
添加	2	0	0.33	2.33
省略	1	0	0	1
替代	3	0.99	0	3.99
字序	0	其他:0	0	0
總計	6	0.99	0.33	7.32

總字數(232)+總省略(1)=總單位(233)

總單位(233)-總錯誤(7.32)=總正確(225.68)

總正確(225.68)画總單位(233)亙100%=(97%)造句商數SQ

文意量表

具體—抽象	得分層次	計分範圍
層次一:無意義的語句		0
層次二:具體—敘述		1　2　3
層次三:具體—想像		4　5
層次四:抽象—敘述	肌	6　⑦
層次五:抽象—想像		8　9　10

國小兒童書寫語文能力診斷測驗分析表

編號	性別	年級	產　　品						造　句			文　意		
			總字數	T分數	百分等級	平均每句字數	T分數	百分等級	造句商數	T分數	百分等級	得分	T分數	百分等級
	男	四	232	47	51	9	43	26	97	53	52	7	58	77
程度			中等			中下			中等			正常		

解釋：測驗結果分析、優勢能力、弱勢能力等

1. 測驗結果分析：

(1)對照四年級男生常模，總字數為 232，T 分數為 47，百分等級為 51，屬中等程度；平均每句字數為 9，T 分數為 43，百分等級 26，屬中下程度；造句商數為 97，T分數為 53，百分等級為 52，屬中等程度；文意得分 7，T 分數為 58，百分等級為 77，屬正常發展。

(2)對照四年級全體的常模（男＋女），總字數為 232，T 分數為 47，百分等級為 51，屬中等程度；平均每句字數為 9，T 分數為 43，百分等級 26，屬中下程度；造句商數為 97，T 分數為 53，百分等級為 52，屬中等程度；文意得分 7，T 分數為 58，百分等級為 77，屬正常發展。

(3)綜合上述，該生尚未達到需要實施書寫語文能力教學。

2. 優弱勢能力分析：

(1)該生能獨立專心完成此測驗，整篇產品語句通順，有自己的想法。產品、造句與文意皆屬正常發展。

(2)錯誤類型分析：

用字：〈添加〉加入口語（說、都）

　　　〈省略〉游泳（池）

　　　　　〈替代〉（個）玩（個）的，幫（住）

　　錯別字：〈替代〉（個）玩（個）的，幫（住）

　　標點符號：〈添加〉（；）

(3)根據錯誤類型分析：該生的同音異字情形較有困難。因此再施
　　測「國民小學四年級國語成就測驗書面測驗（甲式）」的字詞
　　能力測驗部分。

(4)「國民小學四年級國語成就測驗書面測驗（甲式）」的字詞能
　　力測驗部分，發現該生在此部分有困難，如下分析：

　　國字部分：計有四題，答對三題，答對率75%。

　　錯誤類型：樹木很青翠，填答選項為「清翠」。

　　錯別字區別部分：選擇正確的語詞，題目計有十題，僅答對一
　　題，答對率10%。

　　錯誤類型：「控製」、「筵後日期」、「招侍客人」、「慈詳
　　面容」、「耳朵零敏」、「蜘蛛結岡」、「印相深刻」、「積
　　雪熔化」、「清翠山脈」。

(5)綜合上述，該生雖未達到需要實施書寫語文能力教學。但是該
　　生有同音異字之困難，因此再給予其他測驗，以了解該生的錯
　　誤是否因為生理神經因素造成，測驗工具包括認知心理能力檢
　　核表、工作記憶測驗、漢字視知覺測驗（組字規則）、漢字視
　　知覺測驗（部件辨識）、漢字視知覺測驗（文字區辨）、漢字
　　視知覺測驗（序列記憶）、漢字視知覺測驗（圖形區辨）。施
　　測結果與常模對照顯示，該生在漢字視知覺能力正常，對國字
　　個別的區辨沒問題。

(6)在認知神經心理能力檢核表方面，為求此檢核表的客觀性，由
　　普通班教師與家長（母）分別填答，結果顯示母親認為孩子在
　　心理能力各方面的問題程度很嚴重。但以級任導師觀點，該生
　　學業成就屬正常發長，心理能力沒多大的問題。因此，對該生
　　問題程度看法的不同，使導師與家長處於對立情形，常有親師
　　溝通問題產生。

(7)當所有的測驗完成後，分別向導師與家長解釋測驗結果與建議，家長比較能釋懷，了解心中的寶貝孩子，並沒有嚴重到這樣的程度。家長原本就覺得孩子發展不錯，但對於該生問題有放大的想法。

應用：教學（教材教法），輔導（課程與策略）等

1. 在國語文部分的錯別字區辨有問題，影響書寫使用文字的正確性。錯誤類型以同音異字最多。

2. 該生對個別生字的認讀沒有問題，但對在詞句中的字，會有同音異字現象，建議做詞句的同音異字練習，加強辨認同音異字的適當使用。

3. 可增加閱讀文章量，並在閱讀後，從文章內做區辨文字練習。

4. 該生對漢字組字規則、部件辨識、文字區辨、序列記憶、圖形區辨，皆沒問題，因此，練習時可強調字形、部首、字義，並利用圖示法和拆字部件法，將生字拆解，便於記憶。

5. 運用電腦英數輸入法練習造詞、造句或短文，以練習選擇正確的字。

［第六章］
書寫語文學習障礙學生的教學策略

第一節　書寫語文學習障礙學生的教學流程與方法

　　前文指出，書寫語文關係到學生現在的學校學習表現與社區生活的成敗，亦影響其未來職業、社會生活以及人生理想追求的得失（Bigge, Stump, Spagna, & Silberman, 1999）。具體而言，書寫語文是學生必須學習的重要學業技巧之一，書寫語文的能力影響學生做筆記、寫作業、考試、寫作和文字溝通等表現。書寫語文能力的主要勝任力包括：作文主題的知識、字詞彙、筆畫、標點符號、文法、構句以及基礎的拼音、閱讀與書寫能力等。而書寫語文能力障礙的因素可能是生活經驗的不足，語言技巧的欠缺以及產品困難（production difficulties）（諸如，寫字、標點符號、拼音等）（Smith, 1991）。學生必先精熟系列的複雜的認知操作能力以及動作技巧，並且達到自發性、同時性和敏捷性的運作與執行上述能力與技巧，方能有效學習書寫語文（Kameenui & Simmons, 1990）；因此，書寫語文是需要仔細性和系統化教學的高複雜度的基本學業技巧（Cegelka & Berdine, 1995）。許多學習障礙學生遭遇嚴重的書寫語文困難，亟需密集而特殊化的書寫語文教學，藉以發展與習得其必需的書寫語文技巧（Bigge, Stump, Spagna, & Silberman, 1999）。書寫語文學習障礙學生的處遇主要涵蓋課程（教材）與教學（教法）兩大部分，在處遇過程中，課程（教材）與教學（教法）兩者一體，密不可分。惟本章聚焦於探討書寫語文學習障礙學生的書寫語文教學範疇。

　　教學觀點可說是眾說紛紜，而其重要主題不外教師應教學什

麼與如何教學，而其前提則是學生能學習什麼以及能如何學習。惟一般而言，閱讀與書寫語文教學主要有轉銜或傳統模式（transmission or traditional model）與結構模式（constructivist model）兩種方式（Bigge, Stump, Spagna, & Silberman, 1999）。轉銜模式將語文技巧單獨化和序列化，並分別教學生，從單字、詞、句子到文章等，循序地學習閱讀與書寫語文；而結構模式（Au, 1993; Vygotsky, 1978）和全語文法（whole language approach）（Graves, 1994）則強調在真實情境中教學語文技巧，在寫作教學上，全語文法強調寫作的內容，而非寫作機制問題（像錯別字與標點符號等），亦重視寫作過程中的社會互動角色與對話，藉以完成其作品以及認識和養成寫作的技巧。Bigge、Stump、Spagna 與 Silberman（1999）建議教師採行平衡法（balanced approach），教導學生學習閱讀與書寫語文，平衡法係指統整技巧本位教學法（亦即轉銜或傳統模式）和全語文教學法的折衷教學法或混合教學法。惟融入各種課程實施書寫語文教學是目前盛行的書寫語文教學信念，亦即教師在各種學科的教學活動中鼓勵學生的書寫語文行為，並非只在書寫語文的課堂上才進行書寫語文教學（Lerner, 2000）。而且融入式的書寫語文教學方能讓學生經驗足夠的練習，並體會到書寫語文能力在各學科學習上的重要性，而確信學習書寫語文的價值感和重要性（Sebranek & Meyer, 1985）。

前文指出，書寫語文教學涵蓋寫字與寫作（或作文）兩大部分，因此，書寫語文學習障礙學生的教學亦包含寫字教學和寫作（或作文）教學兩大類。在寫作（或作文）教學方面，目前的教學理論與技術從傳統的產品導向轉移到現今的過程導向教學（Graham & Harris, 1997; Graves, 1994）。傳統的作文教學強調學生的作

文產品，聚焦於寫作的基本技巧（mechanical skills）的教學，經由紙筆練習，以改善學生正確造句和寫短文的能力（Cegelka & Berdine, 1995）。傳統的作文教學有兩種主要方法：其一為自由寫作法，由教師命題，學生自由寫作，再交給教師批改；其二是寫作指導法，先由教師命題，再經範文的示範、欣賞與分析，寫作技巧的指導，諸如取材、分段和校稿等，最後再交給教師批改（Cegelka & Berdine, 1995）。一般而言，教師批改學生的作文主要是檢核、寫評語與打分數，教師依據自己的教學風格，選擇特定的指標與項目，用紅筆批改學生的作文，諸如用字遣詞、文法、結構、組織以及內容等；檢核、寫評語與打好分數後，再把作文本交還給學生；學生細讀教師批改後的作文，並改正經教師標示出來的錯誤，特別是錯別字部分；教師希望經由上述的作文批改方式，改善學生的作文技巧。

　　有別於重視作文產品導向的傳統作文教學法，有些書寫語文教學的學者專家提出作文過程導向教學法（Cegelka & Berdine, 1995），強調作文的整個歷程，特別是寫作時的思想歷程，包括寫作前的準備，組織作文時的自我對話，與他人的雙向溝通，同學間的討論、師生間的討論、修正和校訂，以及發表作品的寫作或作文教學法。在寫作的過程中，學生經由上述方式思考下列的作文問題，諸如讀者是誰，寫作的目的是什麼，如何獲致、發展與組織作文的內容，如何潤稿等（Lerner, 2000）。Lerner（2000）建議融合作文產品導向教學法和作文過程導向教學法，實施作文、拼字和寫字三種書寫語文能力的教學策略。

　　從臨床診斷與療育的觀點而論，書寫語文障礙的成因和類型決定書寫語文障礙的處遇。前文指出，Johnson 和 Myklebust

（1967）依據書寫語文障礙的成因，將書寫語文障礙分成基層語文（含內在語言、聽、說或讀等能力）障礙所導致的書寫語文障礙，以及「純粹」書寫語文障礙，諸如寫字困難症（dysgraphia），視覺再生能力問題（revisualization problems）、語法障礙和溝通障礙等兩種基本類型，而提出下列三類型的書寫語文障礙學生臨床教學方法：寫字困難症學生的書寫基礎或基本能力訓練、視覺再生能力缺陷（deficit in revisualization）與語句組合或語法能力障礙（disorders of formulation and syntax）的教學策略。事實上，書寫語文學習障礙的補救教學相當困難，因為書寫語文障礙的改善端賴學生本身豐富的生活經驗和知識基礎，以及其聽語、說話、閱讀與書寫技巧的適當發展（Smith, 1991）。

Bigge、Stump、Spagna 與 Silberman（1999）建議：

1. 提供兒童早期的實際閱讀與書寫經驗。

2. 書寫語文的學習機會與氣氛。

3. 實施寫作歷程教學。

4. 家庭書寫語文的學習經驗。

Bos 與 Vaughn（1998）提出下列寫作技巧教學策略（引自 Lerner, 2000）：

1. 提供持續的寫作機會。

2. 建立寫作社區。

3. 允許學生選擇自己的寫作主題。

4. 教師示範寫作程序和策略性思考。

5. 教師協助學生發展內省思考和觀眾（或讀者）感。

6. 教師把寫作的所有權和主控權轉移給學生。

7. 教師要能覺察、掌握與擴展學生的興趣與生活經驗，以作為

學生的寫作題材。

8.教師避免給學生懲罰性的分數。

9.教師訓練學生區別個人寫作和功能性寫作。

10.教師提供學生充分的寫作主題的資訊。

11.訂定頻繁的寫作時間表。

12.克漏字教學法。

13.結合句子教學法。

　　茲綜合上述文獻研究以及台北市國小身心障礙資源班學習障礙學生書寫語文教學的教材教法，而提出圖6-1：書寫語文學習障礙學生書寫語文教學流程與方法，並簡要敘述如後。

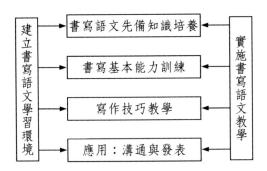

圖6-1　書寫語文學習障礙學生書寫語文教學流程與方法

　　圖 6-1 書寫語文學習障礙學生的書寫語文教學兼容寫字教學與寫作或作文教學，亦並蓄作文產品導向教學法和作文過程導向教學法。其書寫語文教學的流程與方法包含：1.建立書寫語文學習環境，2.先備知識培養，3.書寫基本能力（或機制）（mechanics）訓練，4.寫作技巧教學和5.溝通與發表等五種層面及教學措施。

第二節　建立書寫語文的學習環境

　　Bigge、Stump、Spagna 與 Silberman（1999）主張，教師無論實施技巧本位教學法、全語文教學法或平衡教學法，其肇始步驟是為學生發展學習環境，提供豐富的閱讀與書寫語文的真實經驗，藉以支持學生的語文學習活動。因此，教師實施書寫語文障礙學生書寫語文教學的首要之務，乃是為學生創造有利的書寫語文學習環境（Cegelka & Berdine, 1995; Lerner, 2000）。Lipson 與 Wixson（1997）發展一套教室語文環境檢核表，提供教師參考與使用，藉以檢查自己教室的語文環境以及其支持學生語文發展的程度。其內容將分別在建立安全的書寫語文學習環境、創造學習書寫語文的機會，以及增進學生寫作的動機與興趣等主題上介紹。教師為學生創造有利的書寫語文學習環境，事實上就是在實施有效的書寫語文教學策略。前文提及 Bos 與 Vaughn（1998）建議的十三則寫作技巧教學策略，其中就有七則屬於創造有利的書寫語文學習環境，諸如提供持續的寫作機會；允許學生選擇自己的寫作主題；教師把寫作的所有權和主控權轉移給學生；教師要能覺察、掌握與擴展學生的興趣與生活經驗，以作為學生的寫作題材；教師避免給學生懲罰性的分數；教師提供學生充分的寫作主題的資訊，以及訂定頻繁的寫作時間表等。整體而言，教師可經由下列方式創造有利的書寫語文學習環境（Cegelka & Berdine, 1995）。

一、建立安全的書寫語文學習環境

　　書寫安全感的環境是指學生在表現書寫行為的過程中，能免於被教師糾正與批判的恐懼；換言之，書寫安全感的環境乃是免於危險（risk-free）的書寫環境。有利的書寫語文學習環境係指充滿書寫安全感和書寫機會的環境，因為書寫安全感的環境能提供學生更多的書寫自由、機會和動機，使得學生勇於學習書寫語文能力和表現書寫語文行為，例如進行各種不同題材及形式的寫作。其方法之一乃是教師鼓勵學生寫作，先注重學生寫作產品的有無，而非學生寫作作品的好壞；換言之，教師強調學生作文的量勝於學生作文的質。在作文過程中，如果教師太早過度糾正學生的作文機制性錯誤，可能干擾與阻礙學生寫作的文思、內容和產品，而且教師要學生同時注意太多的事情，學生可能放棄作文（Smith, 1991）。研究結果顯示，只教學生規則本位的文法方法，並不能保證學生作文能力的改善（Lefever, 1970），特別是有關寫作概念與寫作風格（Smith, 1991）。Englert（1990）、Graves（1983）、Otto、McMenemy 與 Smith（1973）建議，在書寫語文學習障礙學生的補救教學過程中，教師先重視作文文意層面的教學，暫不強調作文機制錯誤。Allington（1984）的無干擾安靜持續寫作法（uninterrupted silent sustained writing; USSW），就是一種協助學生突破寫作意願與動機不足以及克服害怕寫作的心理，而能放心寫作的教學法，而其教學目的亦正復如此；USSW 寫作教學法的實施方式是，教師每週數次要學生以五到十分鐘隨意而快速地寫下想到的或遇到的事情或人物等，不必考慮作文機制錯誤的問題，寫

完之後也不必發表。每當教師要求書寫語文學習障礙學生注意寫
作技巧而寫作時，學生則經常寫出短短幾行字的作文。教師若鼓
勵學生暫時不要理會寫作技巧的錯誤，而放膽盡量多寫，則能達
到先量變而後質變的寫作效果（Ysseldyke & Algozzine, 1995）。
教師同時允許學生在寫作過程中有犯錯的權利，藉以激勵學生大
膽寫作。Lerner（2000）建議，教師改學生的作文時，宜避免給學
生可能具有懲罰性的成績，亦即別打會挫敗學生的分數，致使學
生感到失望和沮喪，而失去寫作的興趣、動機與勇氣。教師可先
評量學生作文的構想，暫不批判其作文的技巧形式；或是分別給
學生的作品構思分數和技巧形式分數。如果學生的作文出現很多
錯誤，教師根據學生的作文錯誤類型的次數和程度，先糾正其中
一項錯誤，再依序一項一項地糾正其他的錯誤。Ysseldyke 與 Al-
gozzine（1995）建議，教師事先發給學生一張簡易的作文評量指
標檢核表，好引導學生有效作文；研究的結果顯示，作文評量指
標檢核表能協助學生在作文時知所遵循，在繳交作文之前能先自
行評量，能改善學生作文的量數。例如，HOW 即是教師作業要求
的評量指標檢核表：H＝Heading（標題）——姓名、日期和題目
等；O＝Organized（組織）——單面或雙面書寫、每頁上下空幾
行等；W＝Written neatly（書寫整潔）——擦拭乾淨、不能塗改
（在作業上直接畫線刪除錯別字或不要的句子）等。

二、創造學習書寫語文的機會

　　Bigge、Stump、Spagna 與 Silberman（1999）建議，提供持續
的書寫機會給學生，教師可在教室創造富有印刷品的環境（print-

rich environment），諸如使用中英文標示教室的物品與設備，布告欄張貼與展示教室行事曆、注意事項或學生的各種作品等，使學生在教室能處處看到印刷品，除了習得語文之外，更能理解印刷品的溝通功能；教師在教室設置語文中心，充實多種性質與不同程度的語文資料、錄音機和電腦及其教學軟體等，學生可以在語文中心閱讀、寫作、畫圖、聽錄音帶，或使用電腦閱讀與寫作等。Lerner（2000）主張提供持續的書寫機會給學生，因為書寫語文的學習需要充分的時間和各種練習機會，例如在書寫過程中，學生需要充裕的時間思考、反思、寫作與修改（Lerner, 2000）。事實上，練習是習得語文技巧的關鍵性條件（Sebranek & Meyer, 1985）。美國學者的研究結果指出，學習障礙學生在學校每天的寫作機會少於十分鐘。Graham 與 Harris（1988）建議，學習障礙學生在學校每週要接受四天，每天至少四十五分鐘的寫作機會。不過，有些兼具注意力不足的書寫語文學習障礙學生，則需要較多的短時段的書寫語文學習時間（Lerner, 2000）。而融入式的書寫語文教學（在各種學科的教學活動中，並非只在書寫語文的課堂上，才進行書寫語文教學）方能讓學生有足夠的練習，以習得書寫語文技巧（Lerner, 2000; Sebranek & Meyer, 1985）。

Westling 與 Fox（1995）認為，教師可以經由增加學生的閱讀機會，實施語言經驗教學法（p.152）以及分享寫作教學法（p. 209）等方式，為學生創造豐富的書寫語文的學習機會。讀寫合一的教學亦屬有效的措施（Tibbetts & Tibbetts, 1988）。此外，學校可以提供學生許多趣味性與功能性的寫作機會，趣味性的寫作機會包括寫故事、漫畫、寫卡片、寫信、製作相片冊（並加注標題或簡介）以及寫日記等；功能性的寫作機會包含填寫學校有關表

格（例如借書證、請假單），和寫留字條給同學或教師等（Ford, Schnorr, Meyer, Davern, Black, & Dempsey, 1989）。功能性的寫作強調在自然情境中所需要的寫字技巧，像書寫自己的姓名、年級、班別、住址、電話號碼、父母親的姓名等，以及滿足學習與生活環境的主要需求，如記筆記、寫備忘錄、寫購物清單、畫記路線等。而趣味性的寫作則比較注重個人的創思與個人的寫作活動等，諸如寫故事、寫卡片或便條和寫信等；趣味性寫作的好處是能提供學生適齡的娛樂活動，能發展或改善學生的社會互動，以及能自然地增進學生的閱讀與寫作的能力。以上的教學指標是學生能以正確的形式寫出、自己能閱讀以及能理解。此外，教師可以經由師生晤談或親師晤談，初步鑑定適合個別學生的特定功能性寫作活動或趣味性寫作活動（Westling & Fox, 1995）。

三、增進學生寫作的動機與興趣

增進學生寫作的動機、興趣以及成功寫作的方法之一，是選擇適合學生的生活經驗、興趣、專長以及先備知識的寫作主題，其中可行的方法是學生自選寫作主題，列出寫作主題興趣清單（Cegelka & Berdine, 1995; Lerner, 2000），或由教師指定寫作主題，列出寫作的主題目錄，藉以提供更多的資訊和選擇；但每次作文時，均由學生從教師的主題目錄中選擇題目作文（Cegelka & Berdine, 1995）。至於教師指定寫作主題的方法，Lerner（2000）認為，教師要認識與善用學生的興趣，隨時設計好學生可能感到興趣的題目，諸如流行玩具、電影、運動、學校生活點滴、新聞事件、家族度假與旅遊以及週末假日記趣等。寫作過程中要強調

學生的選擇權，不只是自由選擇作文題目，更包括構思、寫作方法、形式、修改與編輯的自由選擇（Tibbetts & Tibbetts, 1988）。

其方法之二是建立寫作的溝通管道（Lerner, 2000）。教師要經營能夠醞釀書寫活動的教室氣氛，以及創造共同寫作的學習行為。其可行的一種方法是，教師為個別學生建立其專屬的寫作檔案夾或資料庫，其中蒐集學生已有的寫作作品及其目錄、未來作文的主題或點子，以及學生自己建立的個人詞彙小冊或個人字典。上述的學生寫作檔案夾或資料庫在教室中定點放置，學生可以藉此進行獨立寫作。

其方法之三是教師逐步轉移寫作的所有權和主導權給學生（Lerner, 2000），如此可以訓練學生內化教師教過的寫作策略，學會為自己的寫作負責任，以及養成獨立寫作的能力。

四、提供學生寫作的成功經驗

教師可以設計多元的書學語文教學措施，藉以提供學生寫作的成功經驗，其中包括強調寫作歷程教學，以及前文所提的建立安全的書寫語文學習環境，創造學習書寫語文的機會，和增進學生寫作的動機與興趣等教學措施。例如教師允許學生進行各種不同題材與形式的寫作；鼓勵學生寫作的冒險行為（亦即放心大膽的寫作）；提供學生功能性和趣味性的寫作活動，諸如日記、寫便條、寫短訊與有聲書製作等；選擇適合學生的生活經驗、興趣、專長及先備知識的寫作主題；避免給學生挫敗性的分數以及提供學生發表與分享其作品的機會和管道等。學生寫作活動的次數愈多，內容變項愈豐富，學生愈有改善書寫語文能力的機會和可能。

例如，創思作文的主題與方式可以是正式的作文主題，也可以是書信書寫等。舉例說明如下（Smith, 1991）：

(一)日記或個人日誌

　　日記或個人日誌乃是相當受歡迎的寫作方式，學生也滿喜歡記錄個人的學習、生活與社交。教師每隔四週至六週閱讀學生的日記，並評述學生的日記內涵，但不注重作文機制錯誤的更正。

(二)寫便條

　　教師定期的給學生十分鐘時間，讓學生寫便條、備忘錄或留言條給特定的同學，可以促進學生寫作的動機，以及改善學生的寫作能力，其原因主要是書寫內容屬於學生的經驗，而且達到書寫的溝通功能。

(三)有聲書的製作

　　學生使用錄音機，把自己口語敘述的文章或故事錄音起來，然後自己或其他人把錄音內容轉錄成文字檔。教師再利用學生的文字檔進行寫作教學。研究結果指出，這種作文教學可以改善學生作文的長度和品質（MacArthur & Graham, 1987），但有研究的結果顯示，學生作文的內容一致性稍低（例如，邏輯性低，事件連續性不明確等）（Newcomer, Barenbaum, & Nodine, 1988）。

(四)避免給學生挫敗性的分數

　　教師批改學生的作文切忌「滿江紅」──用太多的紅筆糾正記號，以免挫敗學生的寫作興趣與動機。教師最好先確定作文系

列的教學目標，循序漸進，一次只鎖定特定的教學目標。讓學生
知所適從，確知每一次作文作業的主要指標，例如，是作文的機
制性能力，或是組織，抑或是內容？裨益學生作文時能專注於教
師的教學目標：文法、寫字、機制規則、思想、內容或創意等。

(五)鼓勵學生寫作的冒險行為（亦即放心大膽的寫作）

　　當學生參與寫作社區（請參閱 204 頁）時，教師要鼓勵學生
表現寫作的冒險行為。教師可以和學生分享教師的寫作過程，告
訴學生教師的寫作困難，以及描述自己的解決方法。藉此提高學
生的寫作覺知，知道寫作乃是一個問題解決的活動，而且所有作
家在寫作過程中，必須設法解決挑戰性的難題。教師也可以從強
調寫作的目的來促進學生的冒險行為，寫作的目的是溝通，而不
只是寫一篇沒有拼字錯誤或文法錯誤的文章。教師幫助學生了解
書寫語言過程的最重要層面是文章的訊息，而不是文章的外觀。
很多學生難於同時兼顧文章的意義和技術性的特色。與其注意技
巧的錯誤，不如注意文章的內容，所以教師可以指導學生先注意
文章的意義。教師可以藉由先強調文章的內容及降低文法與錯別
字（mechanics）的重要性，直到學生完成文稿。教師應該提供免
於危險的環境，使得學生願意在書寫語言上犯錯和試驗。假如學
生不知道正確拼字，教師應該鼓勵學生發明拼字，以及嘗試新的
寫作方式，即使學生的方法只能寫出普通的作品（Smith, 1991）。

(六)強調寫作歷程教學

　　教師每天給學生三十分鐘自選主題作文，要求學生先注意作
文的內容，等到完稿之後才考慮作文的機制錯誤。教師經由寫作

歷程教學，強調作文的精義在傳遞訊息（Graves, 1983; Murray, 1984），期使學生認識寫作的溝通功能，而樂於寫作。

第三節　培養書寫語文的先備知識

　　書寫語文的先備知識主要有兩種含義，一是學生的生活經驗與閱讀成就，另一則是學生已習得的書寫語文能力等。因此，教師在指導學生寫作之前，要先確認學生當下的閱讀成就及其生活經驗（諸如電視節目、電影、運動與旅遊經驗等），方能提供學生可以使用與發揮的豐富的寫作主題。教師亦可經由提供學生特定主題的資料，先指導學生閱讀，再經討論與經驗分享之後才進行寫作；或學生在寫作主題確定之後，先蒐集資料，再經小組討論或個人資料整理，最後才進行寫作。Westling 與 Fox（1995）建議，寫作教學和閱讀教學宜視為並行的（parallel）教學活動，寫字教學的標的字應是學生在閱讀課正在學習的字或已習得的字；作文教學的初期可設計生活化、功能性與娛樂性的學習活動。

一、語言經驗法

　　語言經驗法（language experience approach）（Ford et al., 1989）乃屬於應用學生生活經驗的寫作教學法，其基本理念是閱讀和寫作是說話的自然延伸與擴展，而其教學步驟則是 1. 教師要學生講一個簡短的故事或講述一件事情，2. 教師把學生講的故事或事情寫在黑板上或海報紙上，3. 教師一邊指著字一邊念，學生

跟著念，*4.*教師協助學生認讀生字，*5.*如是練習直到學生能夠閱讀，*6.*學生練習寫字，先練習抄寫，再默寫。在第四步驟的生字認讀教學過程中，教師亦可使用閃字卡進行教學，其缺點是從文句中抽離單字或詞，而其優點則是學生不必依賴文意線索學習生字認讀。語言經驗法的教學效果是 *1.*學生學會認讀字詞，並在其他課文中認讀相同的字詞，*2.*學生能用已習得的字詞構造新的句子，以及*3.*能改善學生的說話與語言能力等。

二、基模建立法

基模建立法（schema-building approach）的假設是，寫作者對特定的文章結構有內在地圖和形式。此種結構知識可幫助學生在寫作構思及文章架構上，提供預先建造的計畫（Bereiter & Scardamalia, 1982），並應用在「寫作前」時期蒐集與組織資訊，草稿時期的統整資訊，和編輯時期的監控與改寫文章上。敘述文或故事結構是最容易的文章結構。由於學生有看電視、閱讀故事，和說故事的學前經驗，所以當學生開始上學時，對故事結構已有相當的認識。教師實施寫作教學時可運用學生的先前知識，藉以改善學生的故事寫作技巧。

三、提供學生書寫的學習經驗

針對欠缺寫作主題生活經驗的學生，教師可以提供豐富的學習經驗給學生，諸如戶外教學、參觀、遠足、討論以及錄影帶或電影觀賞，甚或鼓勵學生發揮想像力與創思能力作文。教師也可

以協助學生以創思的筆法描述每日的學習活動與生活記憶。

四、寫作先備技巧教學

　　對於有寫作主題生活經驗，但卻無法敘寫出來的學生，教師可教導學生學習寫作的先備技巧，諸如，口語構句、語意（semantics）訓練、閱讀教學、構思、字詞彙、書寫語文規則、文法，以及寫作規則能力等，藉以改善和增進學生的書寫語文能力，諸如擴增字詞彙、邏輯組織思想，增進文法能力，使用同義字詞，以及隱喻與成語的理解等。

第四節　書寫基本能力（機制）教學

　　教師為學生創造有利的書寫語文學習環境，並不等於保證能發展學生必需的寫作能力，因此，教師仍須實施書寫語文障礙學生的書寫語文教學，包括書寫基本能力訓練、寫作技巧與認知學習策略教學等。

　　縱然電腦文書處理系統的發達與方便，寫字困難依然妨礙學生做筆記、應考、升學和將來填寫職業應徵或申請書等書寫行為，因此，教師必須盡力協助學生習得適當的寫字能力（Smith, 1991）。寫字教學的基本目標包含正確的握筆與運筆技巧、寫字的坐姿、放紙的位置、雙手的位置與動作、筆畫，以及正確、容易、快速與清楚的書寫等。書寫語文學習障礙學生的成因包括視覺再生能力（revisualization）不足、動作協調能力不足、視－空

判斷、組織與統整能力不足等（Gerard & Junkala, 1980），而其顯現的特徵計有不正確的握筆與運筆、錯誤的放紙位置、不正確的寫字坐姿和雙手位置與動作、錯別字、字體大小不一、不整齊以及構字空間結構問題等。教師的寫字教學策略必須因應學生寫字困難的成因而調整和變異，例如視知覺問題的寫字困難個案需要形狀辨識訓練，從辨識字的大小形狀及其方向開始教學，再轉銜到有關字的空間結構、筆畫和部件形成與組織的寫字技巧教導。事實上，學生的個別差異，諸如問題的性質與成因，是有效教學方法的決定因素之一。研究結果證明，下列的教學法能改善學生的寫字成就：仿寫學生的錯別字，配對正確的範字教學法，能減少學生錯別字的次數。另一種寫字教學法是示範正確的範字，並輔以該字特徵認寫策略訓練（Nulman & Gerber, 1984）。Graham（1999）主張，無論明確性與系統化教學，或是隨機教學（或自然學習法），均可教導學生習得書寫語文技巧。

一、有用的寫字教學法

　　一般而言，有用的寫字教學法如下：
1. 能協助學生建立寫字的動機與學習策略的教學方式
　　諸如教學生辨識自己的寫字錯誤（Tagatz et al., 1969），增強自我教導（self-instruction）與自我改正法（self-correction）（Kosiewicz et al., 1982），使用編序教材，並搭配正確反應獎勵法（Brigham et al., 1972），優良寫字作品積極後果後效（contingent）（Hopkins, Schutte, & Garton, 1971），錯誤掃描法（error scanning apporach）（屬於一種自我發現法，學生以認字技巧掃描

自己的文章，藉以發現錯別字）（Smith, 1991），以及聯合口語暗示與視覺示範結構教學法（Vacc & Vacc, 1979）等。

Vacc 與 Vacc（1979）介紹聯合口語提示與視覺示範的寫字結構教學法：口語提示包含筆畫的五個基本方向（directions），每一句的口語提示均以接觸（touch）的提示語開始，例如，書寫 A 字母時，其口語提示是「接觸斜線，接觸斜線，接觸畫橫線」。Vacc 與 Vacc（1979）建議下列九步驟的寫字教學法，一次一步驟，循序漸進：

(1)教師展示字母，並念讀字母。

(2)教師示範書寫字母，並使用口語提示。

(3)學生在砂紙字母上觸寫，並使用口語提示。

(4)學生在砂盤上寫字母，並使用口語提示。

(5)學生手持粉筆在空中寫字母，並使用口語提示。

(6)學生在黑板上寫字母，並使用口語提示。

(7)學生手持鉛筆在空中寫字母，並使用口語提示。

(8)學生在紙上寫字母，並使用口語提示。

(9)學生在紙上寫字母，但不使用口語提示。

Blandford 與 Lloyd（1987）提出自我教導法（self- instructional procedure），用以協助學習障礙學生有效寫字。教師準備一張寫字自我檢核表，並交給學生使用。在寫字過程中，寫字自我檢核表提示學生注意自己寫字的正誤與作業的要求。學生在繳交寫字作業給教師之前，必須先使用寫字自我檢核表檢核自己的寫字作業。

2. 創意與變通的寫字教學法

字形模板法、字形連點法、圖片完成法（finish-the-picture activities）、單字部件拼圖法、單字部件填空法、填字遊戲法、範字描寫法、書空法、閉目想像字形法、邊念邊寫法、五欄寫字法（教師指導學生把 A4 的紙等距摺成五欄，教師從學生的字彙中選出範字，要學生在第一欄抄寫範字，之後把第一欄的字摺起來，在第二欄默寫範字，打開第一欄抄寫的範字，並和第二欄默寫的字對照，檢查正誤，接著重複第二欄的學習活動三次）、線索提示法、迷你型字典教學法、測驗－教學－測驗教學法、注音符號錄音帶教學法、握筆裝置（pencil grippers）（安置在鉛筆的適當位置，協助學生握住鉛筆的正確位置）、用膠紙把寫字紙正確地黏貼在桌面上等。

3.電腦科技輔具寫字教學法

請參閱本章第七節之三使用電腦文字處理系統進行寫作教學。

4.系統化教學與直接教學法

像語言法（linguistic approach）。語言學教學法使用字詞家族（word families）（例如，bought、sought、thought）、字詞意義集組（例如，英文的字首或字尾）、同音字或筆畫字體近似字群以及類似的拼音與寫字規則，實施系統化教學法（systematic instructional approach）。語言學教學法聯合寫字教學法，能協助學生依據文法和文意拼音與寫字（Hanna, Hodges, & Hanna, 1971）。

5.寫作產品直接教學

比較其同儕常模，學習障礙學生的作文比較短，字數比較少，文筆也比較不流暢，其補救方法是實施寫作產品（writing productivity）直接教學以及充分的練習（Cegelka & Berdine, 1995）。教師先計數學生數篇文章的字數或標的詞性（即欲改善的詞性）等，再將之繪製成圖形，作為基準線期的資料；接著教師向學生說明

基準線圖的意義，並教導學生增進作文的字數或標的詞性。師生經過幾次圖形的繪製與結果討論，學生能增加其作文的寫作產品；學生亦可藉此增進其作文歷程的自我評量、自我記錄與自我增強的能力（Ballard & Glynn, 1975）。

6.多重感官教學法

Fernald（1943）用在閱讀障礙教學的多重感官教學法，可應用在寫字教學上，學生經由看、說、觸寫與筆寫練習寫字，最後強調默寫。Kearney 與 Drabman（1993）亦提出多感官寫字教學法，其實施方式是(1)教師每日先測試學生的寫字，(2)並對學生寫字的正誤提供立即的回饋，(3)接著教師指導學生改正錯別字，並每字練習（抄寫）五次（第一天五次、第二天十次、第三天十五次），練習寫字時，學生必須念讀該字的筆畫或部件。

7.全字形教學法或字詞分析教學法

教師依據學生的能力施行全字形（whole-word configuration）教學法或字形分析（word-analysis approach）教學法。Fernald（1943）的多重感官教學法強調全字學習，適用於視覺過程處理技巧弱勢的學生。Gillingham-Stillman（Gillingham & Stillman, 1970）教學法則適用於具有字詞分析與序列優勢能力的學生。G-S 教學法使用口語拼字和手寫方式實施閱讀教學，因此亦可應用在寫字教學上。

二、Johnson 和 Myklebust 的書寫基本能力訓練

關於書寫基本能力訓練，Johnson 和 Myklebust（1967）建議

三步驟的處遇措施：成因檢查、視覺能力與運動知覺能力訓練，以及書寫基本能力（或書寫基礎）訓練。

1. 成因檢查

教師宜依據學生有無不利的書寫基本能力障礙的成因，以決定直接實施書寫基本能力（或書寫基礎）訓練，或結合視覺能力與運動知覺能力訓練，進行書寫基本能力（或書寫基礎）訓練。諸如檢查學生有無聽覺理解力不足、口語表達能力不足〔像口語構句失常（oral syntax disorders）、聽覺再生能力缺陷（reauditorization deficit or dysnomia），或聽覺記憶力問題等表達性失語症（expressive aphasia）〕、閱讀障礙（disorders of reading）〔像視覺性閱讀障礙（visual dyslexics）或聽覺性閱讀障礙（auditory dyslexics）〕、區辨筆畫的視知覺區別能力失常，依據教師口令仿做動作或按照指令動作的視覺動作統整功能失常〔visual-motor integration，像寫字困難症（dysgraphia）〕、視覺再生能力缺陷（deficit in revisualization），以及語法與作文缺陷（deficiency in formulation and syntax）等，藉以診斷學生書寫基本能力障礙的成因，作為書寫語文補救教學的依據。例如聽覺理解力不足〔像接受性失語症（receptive aphasia）〕的書寫語文障礙學生，以口語聽覺理解力訓練為其優先的補救教學措施；而視覺性或聽覺性閱讀障礙學生的書寫語文補救教學，係以其閱讀的輸入歷程（input process）和接受性缺陷（receptive deficit）的教學措施為優先。Bigge、Stump、Spagna 與 Silberman（1999）指出，有些學生因為生理因素而造成寫字困難，例如因視覺—空間組織能力不足，而無法正確寫字，其補救教學是手—眼協調訓練（諸如塗顏色、剪紙和觸寫）。有些學生因為精細肌肉動作能力問題而無法有效寫字，

其補救教學是使用替代式書寫工具、鉛筆握筆裝置或調整式鉛筆，有些學生則需要使用電腦等學習輔具，藉以學習寫字能力。

2.視覺能力與運動知覺能力訓練

書寫基本能力障礙的補救教學，可考慮從視覺作用能力與運動知覺能力訓練入手，以期藉由強化視覺學習與運動知覺學習，促進學生眼—手協調能力的正常發展，而有利於其書寫基本能力（或書寫基礎）的學習。Kirk、Gallagher與Anastasiow（2000）亦指出，若學生有寫字的動作問題，則需要職能治療以協助學生解決其握筆與運筆的困難。

3.書寫基本能力（或書寫基礎）訓練

書寫基本能力（或書寫基礎）訓練包括教導學生握筆、運筆、用紙、寫字、標點符號以及句法教學等。寫字的基礎教學一般先訓練學生的大動作書寫能力，其次訓練其精細動作書寫能力，再進而訓練學生在方格子內寫字的能力。在寫字的基礎教學過程中，教師先示範動作（例如握筆、運筆、用紙或寫字等），並要求學生注意觀看（此即結合視知覺學習），再聯合與統整視知覺、聽知覺和運動知覺，實施各種方法的寫字教學。Johnson和Myklebust（1967）建議下列的基礎寫字教學策略：刻字模板寫字法、虛線寫字法、描實寫字法、描寫字帖寫字法、觸寫寫字法、描繪寫字法、視覺回饋作用寫字練習、視覺—動作統整反覆練習寫字法等。Johnson 和 Myklebust（1967）指出，學生若經由上述各種寫字教學與訓練，仍然無法有效學習基礎的寫字能力，教師可實施電腦輔助教學，教導學生使用電腦學習書寫語文能力。

三、Lerner 基礎寫字教學策略

　　Lerner（2000）亦提出下列基礎寫字教學策略：粉筆板活動、各種材料的寫字動作練習、寫字姿勢、用紙、握筆、字型板（stencil and templates）、臨摹描繪（tracing）、在格子或線條間寫字或畫圖（描實寫字法）、虛線寫字法（dot-to-dot）、逐步減少線索的臨摹描繪、四線紙寫字法（中文則是填格子寫字法）、模板法（template lines）、字體難易度習字法、口語提示法以及字詞句循序法等。茲概要轉述如下（Lerner, 2000）：

1. 粉筆板活動

　　教師在寫字教學之前可先指導學生練習粉筆板活動，學生可以自在地使用自己的肩膀、手臂、手和手指等大肌肉活動，在粉筆板上書寫或繪畫線條、圖形、字母和數字等。

2. 各種材料的寫字動作練習

　　教師指導學生使用手指或筷子等在沙盤、鹽盤、塗滿廣告顏料或水彩顏料的紙板等物品上，練習寫字的有關動作。教師亦可指導學生使用微濕的小塊海綿在黑板上書寫或繪畫線條、圖形、字母和數字等。

3. 寫字姿勢

　　教師指導學生學習寫字的正確姿勢，包括坐在高度適當而舒適的座椅上與書桌前，雙腳的腳底平放在地板上，兩手的前臂平放在桌面上，不是用來寫字的手要按住寫字紙等寫字姿勢。

4. 用紙

　　教師指導學生寫字時，要把寫字紙或簿本放置在桌面的正確

位置上，必要時可以在學生桌面的正確位置上做記號，藉以協助學生練習用紙的動作。

5. 握筆

多數的書寫語文障礙學生有正確握筆的困難，包括手部姿勢的錯誤和握筆位置的錯誤；教師除了示範正確握筆的手部姿勢與引導學生練習外，可在正確的握筆位置上做記號、貼標誌或用橡皮筋綁住，藉以幫助學生握住鉛筆的正確位置。

6. 字型板（stencil and templates）

教師在厚紙板、木板或塑膠板等材料上，製作幾何圖形、字母與數字等，指導學生使用單一手指、鉛筆或蠟筆描繪厚紙板、木板或塑膠板上的幾何圖形、字母或數字，之後再把模板移開，讓學生看看所描繪的幾何圖形、字母或數字。教師可製作空心的或實體的字型板，進行上述的寫字教學。

7. 臨摹描繪（tracing）

教師用厚紙板製作幾何線條、圖形、字母或數字，在幾何線條、圖形、字母或數字上塗上黑色、紅色或藍色等深色系列，並在上面覆蓋透明的玻璃紙或細薄塑膠紙，之後教師再指導學生使用單一手指、鉛筆或蠟筆在厚紙板上描繪，其練習的先後次序是幾何線條、圖形、字母和數字。教師亦可使用投影機實施上述的臨摹描繪寫字教學法。

8. 描實寫字法（在格子或線條間畫圖或寫字）

教師在紙上製作空心的幾何線條、圖形、字母或數字，指導學生在格子或線條間畫圖或寫字。教師可用數字與箭頭標示書寫的方向與次序。

9. 虛線寫字法（dot-to-dot）

教師先用虛線書寫注音符號、數字或國字，再指導學生連接虛線，藉以練習書寫技巧。

10. 逐步減少線索的臨摹描繪

教師先書寫某一單字，指導學生臨摹描繪，接著逐步減少該單字的部件或筆畫，實施逐步減少線索的臨摹描繪寫字教學法。

11. 四線紙寫字法（中文則是填格子寫字法）

教師先指導學生在沒有格子的紙上練習書寫某一單字，接著指導學生在教師依據該單字預先畫好的格子上，練習填寫該字。教師可在空格上塗以不同的淺淡顏色，藉以引導學生正確地填寫單字。

12. 模板法（template lines）

模板法適用於英文字母的寫字教學上，教師先在圖畫紙或厚紙板上刻製大中小的窗格，然後指導學生在小的窗格上練習書寫 a、c、e、i、m、n 等字母，在中的窗格上練習書寫 b、d、k、l、t 等字母，在大的窗格上練習書寫 f、g、j、p、q、z、y 等字母。

13. 字體難易度習字法

教師先整理學生的字詞彙，按照字體書寫的難易度，安排寫字練習的先後次序，指導學生依序由簡而繁、由易而難練習寫字。例如，學生先分別練習寫日與月，再練習寫明。

14. 口語提示法

口語提示法係指學生一邊寫字一邊念書寫的指導語，其實施方式是先由教師一邊念書寫的指導語，學生一邊聽從指令寫字；接著由學生自己一邊念書寫的指導語，一邊寫字。

15. 字詞句循序法

　　教師指導學生按照字、詞與句的次序循序學習，然後再要求寫字的空間配置和字體的大小等有關良好寫字的要件。

四、Smith 寫字教學的原則和步驟

　　Smith（1991）建議下列寫字教學的原則：

1. 從學生的字彙或常用字中選擇寫字練習的標的字。

2. 先選用較具規則的字進行寫字教學。

3. 切勿讓學生過度負荷寫字練習，每次練習的字數必須限制。

4. 發現學生寫字的慣用錯誤法及其寫字的錯誤類型。

5. 教導學生適度類化其寫字規則。

　　Smith（1991）建議下列寫字教學的步驟：

1. 教師一次一字、一次一類型地示範某一特定類型字體的正確寫字方法，包括筆畫與字形結構。

2. 教師說明與討論該字形的特徵，可用顏色或粗體字凸顯其特徵，並與其他極端相似或相反的字形相對照；教師必要時，以自我更正法示範改正自己的寫字錯誤。

3. 學生在黑板上大字書寫該字，並且一邊寫字，一邊念出字音，藉以獲致該字的形狀和方向等整體感覺。教師依據學生的現況，可先以下列方式指導學生寫字：以指畫法或觸寫法在廣告顏料或細沙上寫字，或在塗有黏膠的紙上滴落亮光碎片或顏色沙粒（像福隆海邊的金色細沙）寫字。筆者建議牛油紙板觸寫法（在厚紙板上塗深色蠟筆顏色，再抹上牛油，最後在上面的頂端黏貼玻璃紙，學生即可在上面寫字，只要把玻

璃紙一掀開，原先寫的字就會消失，可以重新寫字）。學生
以上述方式練習寫字之後，教師適時地教導學生紙筆寫字。

4. 必要時，教師以手扶握著學生寫字的手，引導學生寫字；以
口語提示寫字時手的運動方向，並使用圓點或箭頭以引導字
的形成。學生一邊寫字，一邊念出筆畫的方向或名稱，或部
件的名稱。

5. 教師先示範自我對話法、口語自我教導法（verbal self-instruc-
tion or self-verbalization）或自我指導法，學生依法炮製，練
習寫字。

6. 學生先練習抄寫，熟練之後，再練習默寫。教師可以採用觸
寫與逐步拆除法（the trace and fade method）實施本步驟。觸
寫與逐步拆除法係指教師先大量提供視覺支持性的示範字體
讓學生觸寫，再逐步拆除視覺支持，訓練學生練習默寫。

7. 學生把自己寫的字和範字對照，進行批改：找出並更正錯誤
的地方，圈點正確漂亮的地方。

8. 教師按照上述 1 至 7 的步驟教導學生寫字。

9. 等到學生能正確寫字之後，教師可以開始要求學生增加寫字
的流暢度。

五、拼寫部分困難的建議

Cegelka 與 Berdine（1995）認為寫作機制（含寫字、文法和
標點符號）的錯誤，來自不適當的寫作機制教學，以及不適當的
或過度強調寫作過程中的自我監控與自我主控的訓練，而主張教
師實施充分的寫作機制教學。在拼寫困難部分，Cegelka 與 Berdine

（1995），Ysseldyke 和 Algozzine（1995）建議教師：

1. 直接教學常用字或視覺字彙、正在學習認讀的字以及已習得的字（Westling & Fox, 1995）。

2. 從學生的作文中選出經常出現的錯別字進行教學（Westling & Fox, 1995）。

3. 鼓勵學生作文時使用自創的字或符號替代不會寫的字。

4. 必須認識與配對學生拼音與寫字當前的發展階段及其特徵。

5. 選擇適當的押韻的童謠或兒歌，教學生練習書寫其中押韻的字詞。可搭配口訣法教學。

6. 選擇相近或類似的字，例如「大、太、犬、天、夫、夭」或「己、已」或「藉、籍」等，指導學生練習寫字。可搭配口訣法教學。

7. 教師以上述 1、2、5 和 6 的字詞來測試學生的寫字成就，藉以增進學生的寫字信心與興趣。

六、文法和標點符號困難的建議

在文法和標點符號困難部分，Cegelka 與 Berdine（1995）建議教師：

1. 按照概念教學的步驟直接教導學生學習文法和標點符號。

2. 教師針對特定的寫作技巧教導概念規則。

3. 教師針對要教導的概念規則分別提供正確與錯誤的寫作樣本，向學生講解與說明。

4. 提供學生區別練習活動。

5. 學生練習偵測與更正文章的錯誤。

Bigge、Stump、Spagna 與 Silberman（1999）建議下列的標點符號教學法：

1. 教師教導學生認識特定的標點符號，並要求學生實際練習使用此特定的標點符號。
2. 教師教導學生從其喜歡的作者的作品中，學習其標點符號的使用方法。
3. 教師先單獨教導學生學習使用標點符號的方法，然後要求學生在實際的作文中練習使用標點符號。
4. 教師在作文的編輯階段過程中，訓練學生精準地使用標點符號。
5. 教師提供學生標點符號使用規則一覽表，學生在作文的編輯階段過程中可以核對使用。
6. 教師在作文的編輯階段過程中，教導學生一起檢核標點符號使用的正確性。

第五節　寫作歷程教學

　　寫作技巧教學主要計有語言學教學法和寫作認知能力訓練法，前者係指有關主旨、段落大意、修辭、用字遣辭等文章的形式和技巧；而後者則是有關主旨設定、內容鋪陳、文意組織和用詞等認知處理過程。學生的寫作問題乃由於不當的寫作機制教導、組織技巧不足、無法使用文章結構（text structures），以及欠缺寫作策略等因素所造成，因此，書寫語文障礙學生的寫作技巧教學，主要目標在提升其寫作的認知策略，補救其寫作的基本技巧（或

寫作機制）困難（mechanical difficulties），以及改善其寫作技巧等。前文指出，傳統的作文教學聚焦於寫作（作文）的產品，而重視寫作基本技巧的教學。因此，傳統的作文教學只訓練學生個別的作文技巧，而非教導其有效的溝通技巧。近年來，寫作技巧教學轉向為寫作概念與寫作策略教學（Cegelka & Berdine, 1995）。

Cegelka 和 Berdine（1995）主張，教師必先了解寫作歷程（writing process），精熟寫作教學策略，以及認識學生的寫作困難，方能實施有效的寫作技巧教學。有關學生的寫作困難，請參閱前文；而有關寫作教學策略將敘寫於本章第六節；以下先說明寫作歷程（writing process）教學。

寫作主要係指以文字符號表情達意以及溝通思想與資訊的語文行為，寫作者必須慎選內容以及讀者能懂的表徵方式；因此，寫作教學並非只教學生寫字、標點符號與文法等寫作機制技巧；宜進一步教學生習得寫作技巧，其中之一乃是寫作歷程（writing process）教學（Bigge, Stump, Spagna, & Silberman, 1999）。寫作歷程教學主張寫作是一種習得的技巧，是一種需要後向與前向思考（backward and forward thinking）的認知歷程，教師可設計思考—學習活動進行寫作教學（Lerner, 2000）。寫作歷程強調寫作的社會處境，諸如學生的讀者感（寫給特定的讀者），朗讀自己的作品給教師同學或家長聽，並取得回饋（建議或批評），以及作品完成時與他人分享（發表）等（Bigge, Stump, Spagna, & Silberman, 1999）。寫作歷程教學係屬相當有效的寫作教學法，教師在學生的寫作歷程中，從寫作前（prewriting）時期的腦力激盪到編輯時期的修改和編輯，若實施系統化寫作教學，能改善學生因注意力不足、過動異常，或認知風格問題所造成的書寫語文的障礙（Smith,

1991）。寫作歷程包含三項重疊和反覆的次歷程（或時期）：寫作前（prewriting）（寫作的運思與事前準備）、草稿和修改（Hayes & Flower, 1987）；Bos 與 Vaughn（1988）主張寫作歷程涵蓋寫作前、作文（composing）、修改、編輯以及出版四個時期。Lerner（2000）與 Graves（1983, 1994）認為寫作歷程包括寫作前、寫作、修改和分享四個時期。每一項寫作次歷程都需要作者思考其寫作主題和內容，以及選擇和運用特定的寫作策略（Cegelka & Berdine, 1995），教師可結合本章第六節寫作認知策略教學進行寫作歷程教學。茲綜合說明如下：

一、寫作前時期

　　學生在寫作前時期的主要寫作行為是選擇寫作主題、腦力激盪、寫綱要、群聚思想（clustering）以及蒐集資料等（Smith, Boone, & Higgins, 1998; Bos & Vaughn, 1988）。學生在寫作前時期最先面對的問題可能是寫作主題，教師可以協助學生經由腦力激盪自選寫作主題，列出寫作主題清單。寫作主題可以從學生的興趣、嗜好、專長、生活經驗以及閱讀等學習成就中選擇，教師亦可提供廣泛性與多樣化的寫作文體，諸如故事、傳奇、小說、科幻、情境觀察紀錄與事實描述報告等，藉以促成學生完成寫作主題的自選清單（Bos & Vaughn, 1988）。腦力激盪是寫作前時期的重要技巧，除了用來選擇寫作主題外，亦可用來設計文章的內容大綱與組織架構，例如重點記錄故事的地點、時間、人物、事件和結局等，圖 6-2 腦力激盪作業單即是一例（Bos & Vaughn, 1988）。

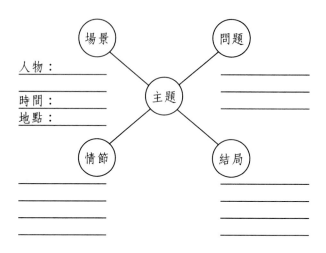

圖 6-2　腦力激盪作業單（Bos & Vaughn, 1988）

在寫作前時期，教師也教導學生蒐集與產生想法，並組織想法成為寫作計畫。組織寫作計畫時，學生必須考慮其寫作目的、讀者（是誰及其需要）和（與寫作主題有關的）背景知識。基於上述資料，學生首先要組合與分類想法（或要寫作的資訊），將其想法分類成主要想法和次要想法，並建構成有組織、有條理的想法；學生接著要選擇寫作的文體（text structure），藉以表達其想法（Cegelka & Berdine, 1995; Scardamalia & Bereiter, 1986）。敘述文（narration）、說明文（explanation）、論說文、比較／對照（comparison ／ contrast）以及問題／解決（problem ／ solution）等文體，可視為回答不同問題組型的認知架構（cognitive frames）。例如敘述文的基本結構是敘說場景、問題情境、反應、結局與結論。寫作技巧不足的學生不了解寫作基模（story schema）（像場景、問題、反應與結局）乃是寫作和故事構成的要件（Nodine, Barenbaum, & Newcomer, 1985）。因此，教師教導學生寫作敘述文時，可協助學生循序回答敘述文的基本結構問題（Cegelka & Berdine, 1995）：

1. 場景（諸如主角、時間和地點）是什麼？
2. 主角遭遇到什麼問題？
3. 主角如何反應？
4. 主角反應的結果如何？
5. 故事的結局如何？

　　教師教導學生寫作說明文時，可協助學生循序回答說明文的基本結構問題（Cegelka & Berdine, 1995）：

1. 要說明的主題是什麼？
2. 說明的步驟是什麼？
3. 說明的主題或內容出現的先後次序是什麼？

　　Cegelka 和 Berdine（1995）認為，寫作前（prewriting）時期有效的寫作技巧教學其特徵是：

1. 強調寫作的目的與讀者。
2. 發展學生檢索與尋找寫作主題的背景知識，並對熟悉的主題做持續的思考。
3. 實施有關文思的組合和分類，以及依據文體組織文思的寫作歷程教學。
4. 發展學生的文章組織策略。

　　簡而言之，寫作前（prewriting）時期的主要目的是引起學生的寫作動機，產生與精緻化想法（文思、靈感等），鑑定寫作主題，確定寫作目的與讀者以及組織想法（文思、靈感）等。而其重要的策略和技術則是腦力激盪術；自由寫作；寫日記；思想鉤

捕法（Tibbetts & Tibbetts, 1988）；編織思維（web ideas）；閱讀書籍或其他資料以獲取寫作主題的資訊；讓學生接觸圖片、影帶、書刊等各種資料，藉以帶動學生的寫作興趣；鼓勵學生隨時記下文思，記錄主要論點清單；發展圖表組織法（graphic organizer），以及互相討論其寫作的內容與形式等。在教學過程中，教師要協助學生從諸多的想法和選項中選擇與決定寫作主題，記錄想法以及組成寫作的內容；而教師的教學方法是：1.把學生經由腦力激盪後形成的想法寫在黑板或投影片上，並要求學生抄寫黑板上的想法，或把投影片影印一份給學生。2.教師鼓勵學生列出自己的寫作清單，或給學生一張可能的寫作清單，要求學生從中選擇一或二個主題。3.先從學生自選或學生自定的主題開始，經由腦力激盪或織網法形成該主題的特定想法。4.教師提供學生關鍵字的清單或5.把要寫作的關鍵字詞鍵入電腦，再按照意義、筆畫數或部首分類，最後列印一份給學生參考與使用（Bigge, Stump, Spagna, & Silberman, 1999; Lerner, 2000）。茲以圖 6-3 示意寫作前時期教學流程及其策略。

二、草稿時期

寫作程序的第二項時期是草稿時期，寫作者在草稿時期更專注於寫作自己的思想，把在寫作前時期所醞釀的寫作內在計畫轉換成文字作品，而不需要再聚焦於作文的技術性層面上（Vallecorsa, Ledfore, & Parnell, 1991）。在起草過程中，學生必須使用大量的認知工作，說明其主要想法，以文字詮釋其非語文資訊，安排相關的想法，敘寫其間的關係，發現新的想法以及提供目標讀者更

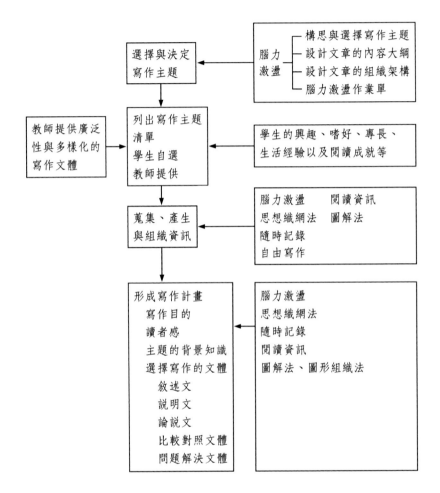

圖 6-3　寫作前時期教學流程及其策略（楊坤堂，民 91d）

詳細的資訊（Hayes & Flower, 1987）。

　　由於書寫語文溝通的讀者基本上是遠距溝通、非面對面溝通的讀者，無法提供寫作者立即性回饋；因此，寫作者必須發展新

的溝通技巧，包括對非直接的和未定的讀者寫作，對遠隔的讀者進行合作性的演講，監控寫作作品信息的清晰度，以及持續反覆地修正作品（Rubin, 1987）。

教師示範適當的思考過程能協助學生了解草稿的暫時性與試驗性（Vallecorsa et al., 1991），例如，教師先引導學生將寫作前作文計畫發展為草稿，製作成投影片，使用投影機將草稿展現在銀幕上，教師再引導學生共同討論其草稿，將意見寫在黑板上，最後由學生進行寫作第二次草稿。教師對特定性學習障礙學生可彈性使用適宜的策略協助其起草，例如，低動作技巧學生可使用錄音機起草，教師再將之轉寫成文字稿。或者學生對教師或協助者口述其草稿，後者再將其草稿同時輸入電腦的文字處理系統；當學生看到自己口述的草稿變成電腦螢幕上的文字稿時，能增進其寫作次數、文稿的長度，以及改善其文稿的組織與完整性，並減少其文稿的基本機制錯誤（mechanical production errors）（Kerchner & Kistinger, 1984）。

簡而言之，草稿時期的主要目的在把想法寫在初稿上，而不聚焦於機制上。換言之，草稿時期重視文思的泉湧與流暢，而非文章的錯別字、文法、修辭或文章的組織架構等（Lerner, 2000）。其重要的策略和技術則是讓學生向其他同學口述其想法，為特定的真實讀者寫作，討論各種寫作的目的以及為確定的目的寫作等（Bigge, Stump, Spagna, & Silberman, 1999）。在教學過程中，教師要協助學生寫作與組織想法；而教師的教學方法是：1.准許學生口述自己的作文，請同學筆錄或用錄音機錄製自己的作文，而後再謄稿；2.允許學生使用電腦或其他輔具寫作；3.提供綱要或圖解（如圖 6-4 至 6-6 與表 6-1），協助學生組織其想法。

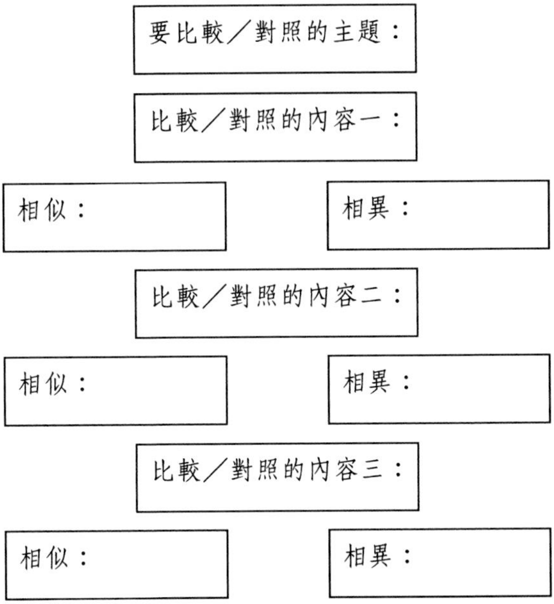

要比較／對照的主題：

比較／對照的內容一：

相似：　　　　　　　　　相異：

比較／對照的內容二：

相似：　　　　　　　　　相異：

比較／對照的內容三：

相似：　　　　　　　　　相異：

圖 6-4　比較／對照組織格式（Englert & Raphael, 1989）

細目　　　（人物）　　　（風景）　　　細目

內容一　　　　內容三

主題

細目　　　（特色）　（鄉村）　（物產）　　　細目

內容二　　　　內容四

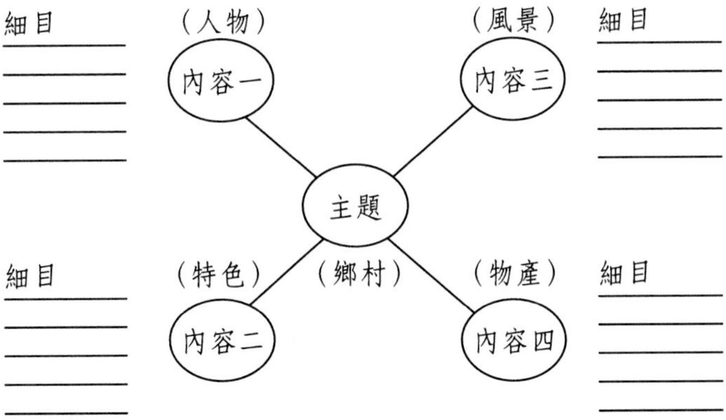

圖 6-5　專題思考作業單（Englert & Raphael, 1989）

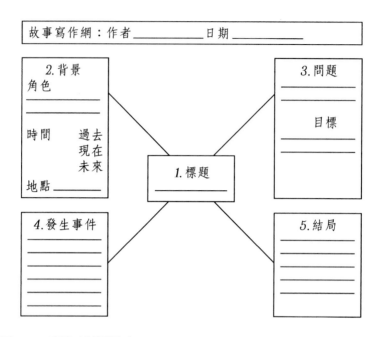

故事寫作網：作者 ＿＿＿＿＿＿ 日期 ＿＿＿＿＿

2. 背景
角色 ＿＿＿＿＿
＿＿＿＿＿＿＿

時間　　過去
　　　　現在
　　　　未來

地點 ＿＿＿＿

3. 問題
＿＿＿＿＿
＿＿＿＿＿

目標
＿＿＿＿＿
＿＿＿＿＿

1. 標題
＿＿＿＿＿

4. 發生事件
＿＿＿＿＿
＿＿＿＿＿
＿＿＿＿＿
＿＿＿＿＿

5. 結局
＿＿＿＿＿
＿＿＿＿＿
＿＿＿＿＿
＿＿＿＿＿

圖 6-6　寫作架構網（Bigge, Stump, Spagna, & Silberman, 1999）

表 6-1　寫作架構表（Bigge, Stump, Spagna, & Silberman, 1999）

本故事＿＿＿＿＿（標題），是有關＿＿＿＿＿（描述故事中的主
要想法和中心思想）。
故事中的主角是＿＿＿＿＿（列出主要人物）。
＿＿＿＿＿（寫出主角的名字）遭遇到問題，他們所遇到的問題
是＿＿＿＿＿（描述該困境），他們嘗試要用＿＿＿＿＿方法（描
述解決問題的方法）解決該問題，他們＿＿＿＿＿後（描述解決問
題的實際作法），終於解決該問題，當問題＿＿＿＿＿（描述故事
的結局），故事結束了。

三、編輯與修改時期

　　編輯與修改是寫作程序的第三時期，包括編輯、修改以及與讀者分享（Florio-Ruane & Dunn, 1985）。Smith（1991）認為，修改是寫作過程中最難的工作，因為在修改時期，學生需要回溯到寫作前時期，與同儕討論或與教師討論，藉以獲取更多的資訊。修改時期的重點在文章的內容、組織與主題發展，而編輯時期的重心則在錯別字、標點符號、字詞彙以及文法等。在第三時期的寫作教學過程中，教師要指導學生省思與回答下列問題，諸如文章敘寫得清楚嗎？需要再敘寫些什麼嗎？文章有沒有需要修改的地方？有沒有完成草稿的計畫與目的？教師並教導學生修改與潤飾文章（刪減多餘的和不必要的資料，或增加與補充必需的資料），以符合其原先的寫作計畫（或讀者的需求），請參閱本章第六節寫作認知策略教學思考作業單。具體而言，寫作的編輯與修改時期有下列五步驟或要件（Cegelka & Berdine, 1995）：

1. 聚焦於文章結構與內容的問題。
2. 退出寫作者的身分與立場，而以讀者的觀點與需求閱讀自己的文章。
3. 採取主動的角色監控（monitoring）與強化文章的理解度。
4. 經由自我控制與自我規範（self-regulatory），針對寫作目標檢核自己的文章。
5. 檢核文章的技術性（像文法、寫字與標點符號）的正確度。

　　教師可依循下列步驟實施寫作的編輯與修改教學（Cegelka & Berdine, 1995）：

1. 教師先在小組或團體的編輯與修改練習活動中，示範自我評估（self-evaluation）策略。

2. 學生先編輯與修改自己的文章，再與教師討論自己編輯與修改的結果。

3. 學生再編輯與修改自己的文章，再由教師提供回饋，學生再度編輯與修改自己的文章。

以上三步驟可以重複多次，直到教師與學生雙方都對文章感到滿意為止。在上述的教學過程中，教師的諮詢角色可漸次轉移給學生的同儕（Cegelka & Berdine, 1995）。此外，Vallecorsa、Ledford 和 Parnell（1991）建議的文章編輯與修改策略是，教師要學生在班上同學面前朗讀自己的作文，一方面學生可以獲致聽覺回饋以及發現自己文章的字詞遺漏與破碎句等問題；另一方面學生可以取得同儕的回饋。另一種方法是把學生的作文轉錄成錄音帶，要學生傾聽錄音帶，藉以發現其文章的文法構句的錯誤，進行錄音帶文章的修正（Espin & Sindelar, 1988）。

綜上所述，寫作編輯與修改時期的教學目標如下（Cegelka & Berdine, 1995）：

1. 改善學生注意文章結構與內容有關問題的能力。

2. 發展學生退出寫作者的身分，而以讀者的立場閱讀自己文章的能力。

3. 發展學生監控與鑑定文章的不一致性，以及改正其錯誤的能力。

4. 提升學生獨立檢核與規範自己的寫作表現，以及使用內在效標，而非依賴外在效標，引導自己產生、監控與修改文章的能力。

5.改善學生文法、寫字與標點符號等基本寫作能力。

　　簡而言之，編輯與修改時期的主要目的，是與同學討論與分享自己的作文，並取得回饋，增加或減少作文的內容或想法，使用更多的例子進行澄清與說明，或使用更多的描述文，檢查文章的組織、例子和支持性的細節，以及修改寫作的機制問題（文法、錯別字、標點符號）、文章的結構、形式（format）與表達方式等。編輯與修改時期相當需要批判性思考，亦需要諸多的努力與時間。教師可以經由各種方式與媒體進行學生作文的編輯與修改工作，包括書面、黑板、投影機與電腦等，而其重要的策略和技術則是學生以兩人配對、小組或團體方式，進行作品的朗讀與討論；設立師生之間的個人會議，討論個別學生的作品；安排同儕討論，藉以進行修改工作；由學生選擇某一段文章，進一步修改；指導學生使用檢核表，進行作品的自我檢核；實施同儕檢核；施行師生會議，再行修改；針對需要修改的特定部分執行技巧建立活動（skill-building activities），以及教師示範自己初稿文章的編輯與修改等（Bigge, Stump, Spagna, & Silberman, 1999; Lerner, 2000）。

　　在整個寫作歷程的教學過程中，編輯與修改時期甚具價值與重要：學生改寫與改善其作品，以作者的身分與潛在的讀者對話，甚或發表作品，因此，教師要努力經營寫作的編輯與修改時期，使成為學生寫作的積極正面的經驗。教師要協助學生閱讀與了解其他同學的作品，接受其他同學的回饋，進行特定與密集的文章修改，進行寫作機制問題的修改，以及組織編輯歷程等；而教師的教學方法是（Bigge, Stump, Spagna, & Silberman, 1999; Lerner, 2000）：

1. 要求學生把自己的作品念給其他同學聽，其他同學再給予回饋。
2. 要求學生先說明自己的作品，再與其他同學分享，並取得其他同學的回饋。
3. 教師提示文章的若干特定地方，要求其他同學專注與回饋。
4. 執行上述三種教學策略，要求其他同學提出三項積極的評論和一項消極的評論，或屬於改善的建議。
5. 教師選定一或二項特定寫作技巧，要求同學練習改善，並要求其他同學專注與回饋。
6. 教師提供檢核表，讓學生在同儕會議時討論。
7. 要求學生準備一或二個問題，要其他同學在聽完其作品之後，提供回饋。
8. 要求學生選定一或二項特定的寫作技巧或問題，全力修改。
9. 允許學生使用電腦文書處理系統進行文章的修改。
10. 讓學生口述其文章，由聽者（教師或其他同學）記錄。
11. 同意學生使用電腦文書處理系統進行文章的作文機制錯誤的修改。
12. 使用不同顏色的筆進行文章的修改與編輯工作。
13. 提供學生自我編輯檢核表，藉以執行文章的修改與編輯。
14. 要學生兩人搭配一組，以完成編輯工作。
15. 提供學生寫作架構（frame），協助其文章的修改與編輯。

Richek、Caldwell、Jennings 和 Lerner（1996）建議下列寫作過程教學的計畫原則：

1. 在寫前時期，寫作過程需要較多的時間、資訊的輸入以及注意力。教師需要較多的時間進行前置作業，包括教導學生

蒐集與產生想法，確定寫作目標，醞釀寫作的內在計畫，組織想法成為寫作計畫以及資訊的輸入等。資訊的輸入則包含學生已有的先前經驗，教師所提供的相關教學活動：諸如戶外教學、故事時間、主題討論、口語活動經驗，以及作文的靈感資源：諸如閱讀、參觀展覽、電影、電視、報章雜誌、旅遊與腦力激盪等。

2. 學生在寫作過程的寫作前時期與草稿時期中，不必過於注意錯別字、文句與文法等寫作的機制（mechanics）問題，而是專注於作文的內容。

3. 寫作過程協助學生修改其作品。寫作過程教學協助學生區別草稿與定稿的差異，以及認識寫作不單是產品，更是一種過程，並養成修改自己作品的技巧與習慣。修改與編輯時期要先注重文章的內容，其次是文章機制與文法（Smith, 1991）。

4. 寫作會議是寫作過程中的關鍵性策略，包括師生討論與同儕討論等，其中相互信賴與尊重、傾聽與回饋以及參與和分享均是成功的必要條件（Smith, 1991）。

5. 在寫作過程中，教師宜避免過度糾正學生作文的機制性錯誤，以免挫敗學生的寫作興趣與動機，以及妨害學生創作的文思和內容。教師過度糾正學生作文的機制性錯誤，致使學生認為作文寫得愈多，則其錯誤愈多；於是迫使學生只寫作簡短的文章，以避免被教師批改出太多的寫作機制性錯誤。

第六節 寫作的認知策略教學

　　不斷地改進學生的寫作技巧是寫作教學的重要目標之一。教師除了創造有效的寫作環境外，也需要直接教導學生批判性的寫作技巧。研究結果指出，有效的寫作教學包括下列要素：*1.*清楚的目標陳述；*2.*教師呈現資訊，要學生先在小團體中做功課，然後獨立做相同的功課；*3.*教師指導學生應用指標批判樣本文章，並進而提出修改的意見（Hillocks, 1984）。而上述諸要素乃屬於寫作的認知策略。學習障礙學生的主要問題之一，乃是無法發展與運用認知策略進行有效的學習，因此，學習障礙學生需要結構與直接教學，藉以獲致寫作認知策略。例如，教導學生使用情節或故事文體等特定的作文技巧，並以自我詢問與自我監控的方式檢核自己的作文產品（Ysseldyke & Algozzine, 1995）。是以，書寫語文學習障礙學生除了需要寫作機制、寫作過程和寫作技巧等能力訓練之外，更需要寫作的認知策略教學（cognitive strategy intruction）。事實上，前述的寫作機制教學、寫作過程教學以及各種寫作教學法，均可聯合認知策略實施教學。Hillocks（1984）指出，對國、高中學生而言，最有效的書寫語文教學法是概念寫作：強調問題解決的資料蒐集、分析與再組織的認知策略教學。Graham和Harris（1989）、Gersten、Baker和Edwards（1999）指出，有效的書寫語文教學的主要內涵與特色是：*1.* 強調寫作歷程教學，*2.* 注意各種文體寫作的精準教學，以及 *3.* 重視教師對學生寫作技巧和作品的回饋。而寫作認知策略教學（cognitive strategy intruction in writing）和自我規範策略發展（self-regulated strategy development; SRSD）等教學法，即具有上述的內涵與特色（Gersten, Baker, & Edwards, 1999）。

　　寫作認知策略教學（cognitive strategy intruction in writing）（Englert et al., 1988）就是教導學生使用基模建構（schema building），主控自己的寫作歷程，獨立地寫一篇結構完備的文章。教師以直接教學法教導學生後設認知歷程（metacognitive processes），學生藉此學會作文的認知技巧以及寫作歷程的內在對話（inner talk）。例如，教師教導作文困難學生下列的認知策略，以期協助學生順利作文：計畫寫作內涵，寫下文章（故事）的大綱，考慮故事的情節與細目，寫作前先與教師或同儕討論等策略（Kirk, Gallagher, & Anastasiow, 2000）。認知策略教學的目標，乃是協助學生使用思考作業單（think sheets）的自我問題（self-questions）來內化寫作的次歷程。教師實施樣本寫作教學（sample writing lessons），示範思考、問題解決和自我規範歷程（self-requlatory processes），引導學生討論使用寫作策略的類型、方法與時間，藉以內化寫作的歷程，以及強化學生未來的獨立寫作、自我規範和其他課程的類化能力。認知策略教學的主要內涵包括：1.清楚的目標陳述，2.教師以放聲思考示範策略，3.教師提供資訊給學習小組，4.應用寫作標準評量和修改作文的初稿（Cegelka & Berdine, 1995）。

　　寫作認知策略教學的主要教學步驟是：

1. 教師先示範特定類型文體（expository text structure）（例如說明文），以及有關該文體特徵的結構問題及其關鍵字。

2. 教師在整個寫作次歷程中，從寫作前時期到最後的定稿，示

範使用文章結構問題、讀者與目的的知識,進行計畫、組織、寫作、編輯和修改文章的方法。

3. 教師使用教師引導式對話,師生一起進行計畫、組織、寫作、編輯和修改班級文章(Englert, 1990)。

4. 學生以小組練習和個人練習方式,練習先前教師示範的對話與策略。

5. 學生並使用思考作業單(think sheets)完成寫作(Cegelka & Berdine, 1995)。

茲以圖 6-7 示意寫作認知策略教學的流程與方法,並進一步針對思考作業單、自我規範策略發展(SRSD)、自我教導策略訓練、PLANS 策略、POWER 策略、SLOW Caps 記憶策略、段落框架、PLEASE 策略、TREE 策略、TOWER 記憶策略、CSPACE 策略、比較和對照論說文計畫表、五段落論說文圖解法、報告文章寫作資料圖表、COPS策略教學法、自我監控檢核表,以及 SCAN 策略等寫作的認知策略敘寫如後。

一、思考作業單

思考作業單循序呈現有關寫作次歷程策略的程序,引導學生在寫作次歷程中注意特定的策略與心智操作(mental operations),協助學生明確而精準地習得計畫、組織、寫作、編輯和修改文章的歷程與策略。思考作業單包括計畫思考作業單、組織思考作業單、寫作思考作業單、編輯思考作業單和修改思考作業單五類型,每一類型的思考作業單均系統化地呈現有關該寫作次歷程特定策略的問題及其關鍵字,學生按部就班地進行寫作(Cegelka & Ber-

教　師	學　　　生		
直接教學法 結構教學　　→ 樣本寫作教學 概念教學（強調問題解決） C2 放聲思考示範策略 　　示範思考歷程 　　示範問題解決歷程 　　示範自我規範歷程	使用基模結構 　　　　→ 後設認知歷程 認知技巧 寫作策略 　←	主控自己的寫作歷程 C1 清楚的目標陳述　→ 　　內在對話 　　自我詢問 　　內化寫作次歷程 　　教師討論或同儕討論 　　計畫寫作內涵 　　寫下文章大綱 　　考慮故事情節與細節	獨立完成文章 （作品） 強化學生獨立寫作 　自我規範 　在其他課 　程類化的 　能力
C3 提供資訊　→ S1 （示範特定類型的文體及其結構問題與關鍵字） 　　　↓ S2 在寫作歷程中示範使用文章結構問題、讀者與目的的知識、示範計畫、組織、寫作、編輯和修改文章的方法	C4 應用寫作標準　→	C5 評量與修改文章的初稿 S3 教師使用引導式對話，師生一起進行計畫、組織、寫作、編輯與修改文章 　　　　↓→ S4 學生以小組練習和個人練習方式，練習先前教師示範的對話與策略	C6 完成作品 S5 學生使用思考作業單完成寫作

注：C = content 內涵
　　S = step　　步驟

圖 6-7　寫作認知策略教學的流程與方法（楊坤堂，民 91d）

dine, 1995）。

(一)計畫思考作業單

　　計畫思考作業單（如圖 6-8）的主要內容是學生寫作的目的或目標、讀者以及自己有關寫作主題的背景知識等。學生逐條回答計畫思考作業單的自我問題（self-questions），諸如「我為誰寫作

```
姓名：＿＿＿＿＿＿＿＿＿　日期：＿＿＿＿＿＿＿＿＿
主題：＿＿＿＿＿＿＿＿＿＿＿＿＿＿＿＿＿＿＿＿＿
誰：我為誰而寫？
＿＿＿＿＿＿＿＿＿＿＿＿＿＿＿＿＿＿＿＿＿＿＿＿
為什麼：我為什麼寫這篇文章？
＿＿＿＿＿＿＿＿＿＿＿＿＿＿＿＿＿＿＿＿＿＿＿＿
什麼：我知道什麼了？（腦力激盪）
1.＿＿＿＿＿＿＿＿＿＿＿＿＿＿＿＿＿＿＿＿＿＿＿
2.＿＿＿＿＿＿＿＿＿＿＿＿＿＿＿＿＿＿＿＿＿＿＿
3.＿＿＿＿＿＿＿＿＿＿＿＿＿＿＿＿＿＿＿＿＿＿＿
4.＿＿＿＿＿＿＿＿＿＿＿＿＿＿＿＿＿＿＿＿＿＿＿
5.＿＿＿＿＿＿＿＿＿＿＿＿＿＿＿＿＿＿＿＿＿＿＿
方法：文體、資訊（文思或想法）組織方式
1.＿＿＿＿＿＿＿＿＿＿＿＿＿＿＿＿＿＿＿＿＿＿＿
2.＿＿＿＿＿＿＿＿＿＿＿＿＿＿＿＿＿＿＿＿＿＿＿
3.＿＿＿＿＿＿＿＿＿＿＿＿＿＿＿＿＿＿＿＿＿＿＿
＿＿＿＿＿＿＿＿＿＿＿＿＿＿＿＿＿＿＿＿＿＿＿＿
```

圖 6-8　計畫思考作業單（Englert, Raphael, & Anderson, 1989）

或我寫給誰看？」（讀者），「我為什麼寫這個主題？」（寫作的目的或目標），「我知道什麼？」（寫作主題的背景知識），藉此完成寫作計畫階段的工作。

(二)組織思考作業單

組織思考作業單的問題用來協助學生考慮寫作資訊的歸類與關係，裨益發展明確的文章結構。以說明文為例，學生回答的組織問題是「我要說明什麼？」，「我需要什麼資訊？」，「我要採取什麼步驟？」，「我要先說明什麼？再說明什麼？」（如圖6-9）。先前的圖 6-4 至 6-6 乃是發展組織思考作業單。

(三)寫作思考作業單

寫作思考作業單在協助學生撰寫草稿，強調聚焦於文章的內容與組織，而非文章的機制或文法規則。學生把前一階段的寫作計畫轉變成文章，其中包含文章的文體、架構與內容等，學生必須檢驗其文章是否符合原先的寫作計畫、目的與讀者等。

(四)編輯思考作業單

編輯思考作業單（如圖 6-10）協助學生檢視與反思其文章的內容與組織，並準備參與同儕編輯。學生首先重讀自己的文章，用星記號（*）標記自己感到滿意的部分，用問號（？）標記自己感到不滿意的部分，並分別加以說明。如此有助於學生以讀者的立場閱讀自己的文章初稿，並鑑定自己文章的優點與缺點；學生接著以三等級（是、稍微和否）評量自己的文章是否符合特定文體的結構與讀者的興趣。最後，學生經由同儕編輯的方式與過程，

鑑定自己文章的缺失和問題，學生亦可以準備一些問題詢問其同儕編輯者。學生學會文章的編輯指標以及詢問特定的編輯問題，能增進其寫作能力（Hillocks, 1984）。學生透過編輯思考作業單學習有效的寫作方法：文章分析策略（text analysis strategies），其策略包括：1.使用文章線索鑑定重要資訊，2.監控文意明確度與完整性的程序，以及3.補救溝通障礙的策略。

圖 6-9　說明文組織格式（Englert, Raphael, & Anderson, 1989）

姓名：_____　日期：_____

閱讀並檢核資訊，重讀我的文章：

我最喜歡的是什麼？（在我最喜歡的部分打"＊"號）

_____

哪些部分不清楚？（在不清楚的部分打"？"號）

_____

自我測驗文章結構問題，我是否

說明解釋什麼？	是	稍微	否
說明需要什麼？	是	稍微	否
步驟清楚嗎？	是	稍微	否
使用關鍵字（第一、第二）？	是	稍微	否
文章有趣嗎？	是	稍微	否

修正計畫（回顧）

我想改變哪些部分？

1._____
2._____

請寫兩則編輯問題

1._____
2._____

請記錄編輯建議

1._____
2._____

圖 6-10　說明文自我編輯作業單（Englert, Raphael, & Anderson, 1989）

(五)修改思考作業單

　　學生完成前一階段的編輯與同儕編輯的歷程之後，依據所蒐集到的建議或產出的意見（如圖 6-10 或圖 6-11）修改文章，完成定稿，並準備發表。

```
姓名：＿＿＿＿＿＿＿＿＿　　　日期：＿＿＿＿＿＿＿＿＿＿＿
1.校正者給你的建議是什麼？
在你要使用的建議的旁邊做一「檢查」（check）的記號。
2.如何使你的文章較有趣？
＿＿＿＿＿＿＿＿＿＿＿＿＿＿＿＿＿＿＿＿＿＿＿＿＿＿＿＿＿
＿＿＿＿＿＿＿＿＿＿＿＿＿＿＿＿＿＿＿＿＿＿＿＿＿＿＿＿＿

＿＿＿＿＿＿＿＿＿＿＿＿＿＿＿＿＿＿＿＿＿＿＿＿＿＿＿＿＿
3.回到前面的文章且做修改的工作。
＿＿＿＿＿＿＿＿＿＿＿＿＿＿＿＿＿＿＿＿＿＿＿＿＿＿＿＿＿
＿＿＿＿＿＿＿＿＿＿＿＿＿＿＿＿＿＿＿＿＿＿＿＿＿＿＿＿＿
＿＿＿＿＿＿＿＿＿＿＿＿＿＿＿＿＿＿＿＿＿＿＿＿＿＿＿＿＿

修改類型（修改符號）
加字　　　刪字　　　調換順序　　　在此處增加觀點
 ^　　　 —　　　　～　　　　＿＿＿＿＿＿＿＿┐
　　　　　　　　　　　　　　　　　　　　　　↓
```

圖 6-11　修改思考作業單（Englert, Raphael, & Anderson, 1989）

二、自我規範策略發展

　　自我規範策略發展（SRSD）可結合寫作過程，進行寫作教學（Troia, Graham, & Harris, 1998; Harris & Graham,1996）。自我規範

策略發展的主要教學目標有三：協助學生發展寫作過程的寫作知識和寫作技巧策略；發展監控與管理寫作的能力；發展寫作的正向態度與作者的積極態度（Lerner, 2000）。自我規範策略發展的寫作教學包含下列六階段（Harris & Graham, 1996）：

1. **發展背景知識**：學生經由團體工作，思考有關作文主題的已知資訊，並透過多種資源發現更多的資料。
2. **討論**：學生經由同儕討論與師生討論等方式，討論前一階段所習得的有關知識，並進一步討論計畫使用的特定寫作策略。
3. **示範**：學生示範寫作策略，以放聲思考法邊做邊說。
4. **記憶**：學生複習寫作策略，並大聲說出寫作策略。
5. **支持**：學生開始使用習得的寫作策略作文。
6. **獨立表現**：學生能獨立使用寫作策略。

三、自我教導策略訓練

Harris 與 Graham（1985）的研究結果證實，自我教導策略訓練（self-instructional strategy training）能提升學生的腦力激盪、界定問題、自我評估與自我增強的能力，能增進學生作文字（詞）彙（含字詞數與詞性等）的多樣性和質量，能提高學生在其他學習活動的類化能力。茲以增進學生的情節使用能力為例，說明如下：

1. 學生看圖寫下適當的情節。
2. 故事構思。
3. 寫故事：使故事可以理解，並使用適當的情節。
4. 朗讀故事，並詢問：「我的故事寫得好不好？」

5.改好故事：「我能再多用一些好的情節嗎？」

四、PLANS 策略

Graham、MacArthur、Schwartz 與 Voth（1989）的研究結果發現，PLANS策略能改善學習障礙學生的寫作能力，包括文章的長度、複雜度以及品質等。PLANS 策略計有四項流程：

1.挑選目標（Pick goals）：諸如文章的長度、結構與目的。

2.列舉達成目標的方法（List ways to meet goals）。

3.做筆記（And make Notes）。

4.編序筆記（Sequence the notes）。

PLANS策略融入在三步驟的寫作策略中：計畫，多多敘寫，達成目標的自我評量。

五、POWER 策略

POWER策略可以協助學習障礙學生的寫作過程（Englert, Raphael, Anderson, Anthony, Fear, & Gregg, 1988）：

P＝Plan（計畫）──亦即寫作前時期的計畫工作，教師鼓勵學生選擇寫作主題，腦力激盪，與同學討論和分享；教師並介紹故事、時事、遊記、參觀或觀察記錄等各種寫作類型（Bos & Vaughn, 1988）。

O＝Organize（組織）──教師以放聲思考示範組織思想的過程與方法，方式之一乃是使用腦力激盪作業單（圖6-2）來組織思想。腦力激盪作業單的內容包括姓名、日期、標題以及場景：時

間、地點、人物、情節和結局。腦力激盪作業單的形式可以是綱要或是網頁，學生可以各取所需的參考與應用。

W＝Write（寫作）──在寫作時期教師可以鼓勵學生與同學或教師分享，並經由個別、小組或團體方式進行討論。

ER 是 E ＝ Edit／Editor（編輯）和 R ＝ Revise（修改）──常用的方法是後文所述的作家椅子，其實施方式是學生坐在教師安排的一張作家椅子上，向班上同學朗讀自己的作文，班上同學針對其作品詢問問題或提供回饋（諸如其他學生對作品喜歡或不喜歡的部分、希望增加資訊的部分以及不清楚或不了解的部分等等）。寫作的學生藉此進行作文的編輯和修改工作（Hallahan & Kauffman, 1997）。Bos 和 Vaughn（1988）建議教師在修改時期強調作文的內容，而在編輯時期則注意寫作的機制問題。

六、SLOW Caps 記憶策略

SLOW Caps 記憶策略（Levy & Rosenberg, 1990）係用以協助學生的段落或短文寫作（paragraph writing），可用來寫作四類型的段落或短文：目錄或描述，顯示序列，比較和／或對照，以及因／果證明。SLOW Caps 記憶策略的實施步驟如下：

1. S（Show）──在第一句顯示段落的主旨或類型。
2. L（List）──列出寫作細節的目錄。
3. O（Order）──把細節編序。
4. W（Write）──敘寫細節，並以下列三種方式之一完成段落或短文。
5. C（Concluding）──結論。

6. a（account）──說明。

7. p（passing）──結束。

8. s（summary）──摘要句子。

七、段落框架

段落框架（paragraph frame）（Bigge, Stump, Spagna, & Silberman, 1999）（如後文圖 6-14，第 210 頁）包含主題句子、支持細節和結論句子，學生先在每一個框架上寫下關鍵片語和紀要，然後把每一個框架上的關鍵片語和紀要寫成句子，最後寫成段落。

八、PLEASE 策略

PLEASE策略（Welch, 1992）可用來協助學生寫作文章段落，其主要內容如下：

1. P（Pick）──選擇主題。

2. L（List）──列出主題想法的清單。

3. E（Evaluate）──評估清單。

4. A（Activate）──把主題句寫成段落。

5. S（Supply）──提供支持性句子。

6. E（End）──用結語結束段落，並且評估自己的作品。

九、TREE 策略

Graham與Harris（1989）建議教師實施包含四個提示的TREE

寫作認知策略，以改善學生的寫作能力：

1. T（Topic）──筆記主題的句子。

2. R（Reasons）──筆記理由。

3. E（Examine & examples）──檢驗理由，自我詢問：「我的讀者要讀我的文章嗎？」提供更多的例證。

4. E（Ending）──筆記完結。

TREE 策略符合論說文的架構：前提、支持前提的理由或資料以及結論。TREE 策略教學法是：

1. 教師給學生一張 TREE 策略表。

2. 教師在計畫與寫作過程中，以放聲思考的方式示範使用TREE策略的寫作方法，並示範四種自我指導（self-instruction）的策略：界定問題、計畫、自我評量與自我增強。

3. 師生一起討論自我對話（self-talk）的重要性。

4. 在計畫與寫作過程中，學生按照上述的四種自我指導（self-instruction）策略，在TREE策略表（如表6-2）上進行寫作。

十、TOWER 記憶策略

TOWER 記憶策略（Levy & Rosenberg, 1990）可用來幫助學生撰寫論說文。TOWER 的內容如下：

1. T（Think）──思考文章內容，並寫出：標題、主要討論範疇、每個範疇的細節。

2. O（Order）──排定主要主題及各主題的細節。

3. W（Write）──寫出粗略的草稿。

4. E（Error）──使用錯誤監控策略（COPS）。

表 6-2　四項提示 TREE 表（Graham & Harris, 1989）

主題（Topic）（前提，界定問題）：

1. ＿＿＿＿＿＿＿＿＿＿＿＿＿＿＿＿＿＿＿＿＿＿

2. ＿＿＿＿＿＿＿＿＿＿＿＿＿＿＿＿＿＿＿＿＿＿

3. ＿＿＿＿＿＿＿＿＿＿＿＿＿＿＿＿＿＿＿＿＿＿

4. ＿＿＿＿＿＿＿＿＿＿＿＿＿＿＿＿＿＿＿＿＿＿

5. ＿＿＿＿＿＿＿＿＿＿＿＿＿＿＿＿＿＿＿＿＿＿

理由（Reasons）（支持前提的理由、計畫）：

1. ＿＿＿＿＿＿＿＿＿＿＿＿＿＿＿＿＿＿＿＿＿＿

2. ＿＿＿＿＿＿＿＿＿＿＿＿＿＿＿＿＿＿＿＿＿＿

3. ＿＿＿＿＿＿＿＿＿＿＿＿＿＿＿＿＿＿＿＿＿＿

4. ＿＿＿＿＿＿＿＿＿＿＿＿＿＿＿＿＿＿＿＿＿＿

5. ＿＿＿＿＿＿＿＿＿＿＿＿＿＿＿＿＿＿＿＿＿＿

檢驗（Examine）（自我評量與自我增強）：

1. ＿＿＿＿＿＿＿＿＿＿＿＿＿＿＿＿＿＿＿＿＿＿

2. ＿＿＿＿＿＿＿＿＿＿＿＿＿＿＿＿＿＿＿＿＿＿

3. ＿＿＿＿＿＿＿＿＿＿＿＿＿＿＿＿＿＿＿＿＿＿

4. ＿＿＿＿＿＿＿＿＿＿＿＿＿＿＿＿＿＿＿＿＿＿

5. ＿＿＿＿＿＿＿＿＿＿＿＿＿＿＿＿＿＿＿＿＿＿

6. ＿＿＿＿＿＿＿＿＿＿＿＿＿＿＿＿＿＿＿＿＿＿

完結（Ending）（結論）：

1. ＿＿＿＿＿＿＿＿＿＿＿＿＿＿＿＿＿＿＿＿＿＿

2. ＿＿＿＿＿＿＿＿＿＿＿＿＿＿＿＿＿＿＿＿＿＿

3. ＿＿＿＿＿＿＿＿＿＿＿＿＿＿＿＿＿＿＿＿＿＿

4. ＿＿＿＿＿＿＿＿＿＿＿＿＿＿＿＿＿＿＿＿＿＿

5. ＿＿＿＿＿＿＿＿＿＿＿＿＿＿＿＿＿＿＿＿＿＿

（楊坤堂製表，民 91）

C（Capitalization）──大寫的字正確嗎？

O（Over appearance）──有沒有錯別字或格式上的錯誤？

P（Punctuation）──有無標點符號的錯誤？

S（Spelling）──拼字是否正確？我能否拼出單字或是要查字典？

5. R（Revise）──修改草稿。

十一、CSPACE 策略

Graham 和 Harris（1989）提出 CSPACE 策略協助學生敘寫說明文，其步驟如下：

1. 人物（C—character）。

2. 場景（S—setting）。

3. 問題或目的（P—problem or purpose）。

4. 情節（A—action）。

5. 結局（C—conclusion）。

6. 情緒（E—emotion）。

十二、比較和對照論說文計畫表

計畫表包含文章的組織圖（graphic organizer）和文章的計畫歷程兩部分（如圖 6-12），文章的組織圖包括題目、種類和特色的腦力激盪；而文章的計畫歷程則涵蓋文章的主旨（thesis sentence）、特色（主題）與想法（細節）、異同比較以及結論等。學生按照計畫表的內容與提示，逐步敘寫比較和對照論說文；其

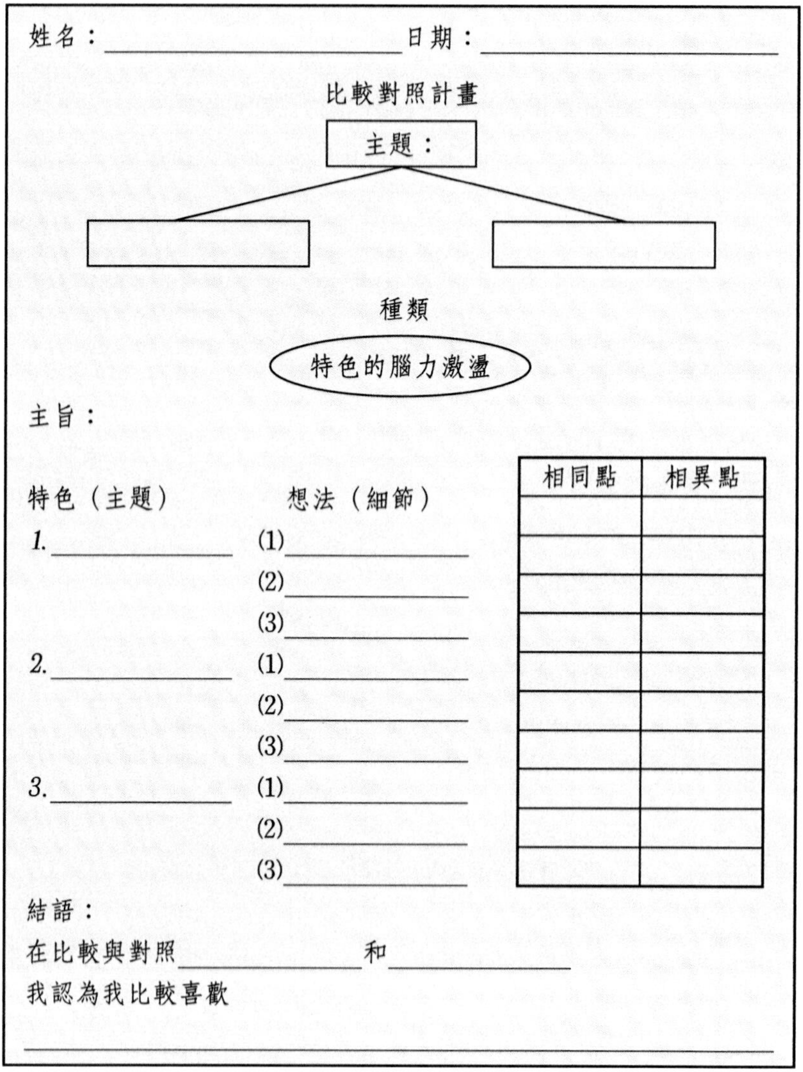

姓名：＿＿＿＿＿＿＿＿＿＿＿ 日期：＿＿＿＿＿＿＿＿＿＿＿

比較對照計畫

主題：

種類

特色的腦力激盪

主旨：

		相同點	相異點
特色（主題）	想法（細節）		
1.＿＿＿＿＿	(1)＿＿＿＿＿		
	(2)＿＿＿＿＿		
	(3)＿＿＿＿＿		
2.＿＿＿＿＿	(1)＿＿＿＿＿		
	(2)＿＿＿＿＿		
	(3)＿＿＿＿＿		
3.＿＿＿＿＿	(1)＿＿＿＿＿		
	(2)＿＿＿＿＿		
	(3)＿＿＿＿＿		

結語：

在比較與對照＿＿＿＿＿＿＿和＿＿＿＿＿＿＿

我認為我比較喜歡

圖 6-12　比較和對照論說文計畫表（Wong, Butler, Ficzere, & Kuperis, 1997）

主要步驟如下（1 至 2 屬於組織圖的內容，而 3 至 6 則屬於計畫歷程的內容）（Wong, Butler, Ficzere, & Kuperis, 1997）：

　　1. 學生先確定比較和對照論說文的文章題目。

　　2. 經由腦力激盪整理出主題可以比較和對照的種類及其特色。

　　3. 將 1 至 2 的內容寫成文章的主旨。

　　4. 列舉主題特色與想法的細節。

　　5. 比較主題特色與想法的異同。

　　6. 敘寫結論（學生至此業已完成計畫表的填寫工作）。

　　學生最後把自己填寫完成的計畫表內容，依序謄寫在書面上，並加以潤稿。

十三、五段落論說文圖解法

　　五段落論說文圖解法（如圖 6-13）（Graves, 1998）的每一段落圖均包含其獨特的資訊，第一段落圖是論說文的介紹或引言，其內容計有論說文的主題和三項需要討論的想法，第二至第四段落圖形成論說文的主體，每一個段落分別擁有第一段落圖的三項想法之一及其關鍵想法和三個細節，而最後的段落圖則是論說文的結論，涵蓋主題的重述以及上述三個想法的摘要等。學生的論說文寫作步驟如同前文的「比較和對照論說文計畫表」一樣，先填寫五段落論說文圖表，再把自己填寫完成的圖表內容，依序謄寫在書面上，並加以潤稿。

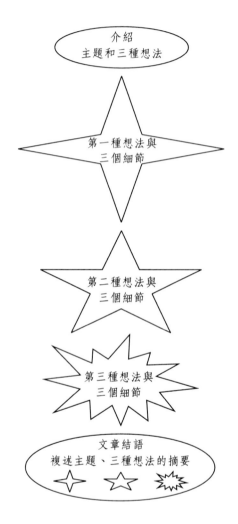

圖 6-13　五段落論說文圖解法（Graves, 1998）

十四、報告文章寫作資料圖表

報告文章寫作資料圖表（data chart for report writing）（如表
6-3）（Rhodes & Dudley-Marling, 1996）用以協助學生蒐集與組織
資訊，進行論文的寫作。寫作資料圖表的內容包括報告的內容要
項、若干個資源以及結論，學生依據表格的項目填寫資訊，等填
寫完畢之後，再據以敘寫其論文。

表 6-3　報告文章寫作資料圖表（Rhodes & Dudley-Marling, 1996）

內容 要項 資源	＿＿＿＿？	＿＿＿＿？	＿＿＿＿？	＿＿＿＿？	＿＿＿＿？
我					
資料#1					
資料#2					
摘要					

十五、COPS 策略教學法

Schumaker、Deshler、Alley、Warner、Clark 與 Nolan（1982）
建議教師實施 COPS 策略教學法，用以教導學習障礙學生使用自
我監控與自我主控技巧偵測和更正文章的機制性錯誤。而文章的
機制性技巧應視為編輯與訂正過程的部分工作，不宜重置於草稿
階段，因此，COPS 策略適合應用在作文的自我編輯與同儕編輯

策略上。教師最好使用學生的作文教導學生學習機制性技巧（Bos, 1988），教師先挑出學生作文上的機制性錯誤，再據以設計與實施特定的機制性技巧教學。學生詢問自己 COPS 的自我問題，藉以發現與改正文章的機制性錯誤：

1. 大寫（Capitalization）：我該大寫的字有否大寫？
2. 整體外觀（Overall appearance）：我有沒有錯別字或字跡潦草？
3. 標點符號（Punctuation）：我有沒有標點符號的錯誤？
4. 拼寫（Spelling）：我有沒有拼寫的錯誤？我要不要查字典？

十六、自我監控檢核表

Graves 與 Hauge（1993）建議教師指導學生使用自我監控檢核表（self-monitoring checklist）（表 6-4）進行作文。在作文的計畫階段與寫作過程中，自我監控檢核表提供學生一系列的作文思考的線索或提示。學生在繳交作文給教師之前，亦必須使用自我監控檢核表查對自己的作文。自我監控檢核表的內容包括三部分：第一欄是成分，計有人物、場景、問題、計畫與結局；第二欄是檢核我的計畫，此欄空白，由學生填寫；第三欄是檢核我的寫作，此欄空白，由學生填寫。

十七、SCAN 策略

Graham 和 Harris（1987）提出 SCAN 策略教導學生修改文章，其步驟與方法如下：

1. make Sence？我的文章讀起來有意義嗎？

2. Connect to my beliefs？是否符合我的想法或信念？

3. Add more？能否再加些資訊？

4. Note errors： 注意錯誤。

表 6-4　實作自我監控檢核表（Graves & Hauge, 1993）

綱　要	計 畫 檢 核	寫 作 檢 核
人　物		
場　景		
問　題		
計　畫		
結　局		

第七節　寫作教學策略

　　教師必須對學習障礙學生，特別是書寫語文學習障礙學生提供適當的寫作教學策略，以協助書寫語文學習障礙學生有效地學習書寫語文。Harris 和 Graham（1996）、Martin 和 Manno（1995）、Mastropieri 和 Scruggs（1994）指出，寫作教學策略能協助學生發現寫作主題，以書寫方式表達與分享其想法，使用有趣和描述性的字詞彙，以及有目標的寫作等。Lerner（2000）介紹筆談（written conversations）、個人日誌（personal journals）、類型寫作（patterned writing）、圖表組織法（graphic organizers），

以及電腦文書處理等寫作教學策略。有關個人日誌、圖表組織法與電腦文書處理寫作教學策略,將於下文「三、使用電腦文字處理系統進行寫作教學」中敘寫,而筆談與類型寫作將併入下文「二、各種寫作教學策略」一起討論。

　　Cegelka 和 Berdine(1995)指出,有效的寫作教學具有下列五項特色:1.經常而持續的寫作機會,2.學生選擇主題,3.致力於寫作的次過程(subprocesses),4.創造寫作社區,以及5.強調寫作的冒險行為。有關1.經常而持續的寫作機會,2.學生選擇主題,3.致力於寫作的次過程以及5.強調寫作的冒險行為,請參閱前文,本節僅說明有關4.創造寫作社區的各種寫作教學策略。

一、創造寫作社區的教學策略

　　能引導學生「寫作發展」的教室環境乃是:1.教師接納與鼓勵學生,2.實施學生高度興趣的學習活動,以及3.教師提供機會和稱讚學生,以增強學生的書寫行為(Bos, 1988;Graham & Harris, 1988)。其中的方法之一是成立教室的寫作社區,教室寫作社區的技術計有:1.作家椅子、2.同儕討論、3.教師討論、4.強調寫作的冒險行為,以及5.出版或發表等(Cegelka & Berdine, 1995)。

(一)作家椅子

　　小作家坐在作家椅子上向班上同學宣讀自己的作品,讀完後同學可以向他詢問相關的問題。這些問題可加強作者對自己作品的責任感、預期與回答問題。倘若在作品未完成之前使用作家椅子技術,作者要找答案來回答同學的問題,作家椅子就成為一種

重要的作文教學法，有助於完成其作品。作家椅子也可以協助讀者了解文章的意義（Lee, 1987）。

對於詢問有困難的學生，教師可以示範如何問 "WH-"（what, when, where, why, who and how）的問題。教師可以在布告欄上展示WH-問題一覽表，以供更實際簡易的參考，教師會發現經過一個禮拜的指導，學生已經知道如何發問了。或為了方便學生參考，教師可以在黑板上條列一系列的WH-問題，這樣僅需一個星期，教師便會發現學生已經相當懂得怎麼提問題了。一旦學生精通於提出內容問題，教師可以介紹學生認識文章架構的特定類型以及適當的文章架構問題，以期擴展學生問問題的能力。

(二)同儕討論

同儕討論是教室寫作社區的第二種技術，能增進學生的讀者感，以及提升學生高層次的互動。同儕討論過程中，作者向同儕朗讀作品，而聽眾則發問，並提供意見。雖然同儕討論的活動常安排在編輯階段，但也可在計畫、組織或起草的階段中實施。

為使同儕討論成功，教師必須先示範討論的語言及形式（format），包括給予和接受回饋的方法。討論的形式包括下列步驟：1.作者首先陳述目前所進行的寫作程序，2.作家和編者一起讀文章，3.編者要求作者重述故事內容，4.編者針對原創提出中肯的意見與建議（Calkins, 1986）。

教師可以將文章寫在黑板上，或用投影機投影在布幕上，引導學生針對文章進行對話及思考編輯方法。透過對話，教師示範如何讀取文意，如何增減或移動文章內容。首先，教師可以利用前幾年學生的作品（記得要將名字擦掉）。學生可能很快地自願

上台展示自己的作品,特別是讓他們來主導課堂上的對話。

同儕討論具有許多優點:

1. 同儕討論強調寫作的溝通功能。

2. 同儕編輯者是一個外在的監控者,能增進學生對自己作品的認識。而藉著與讀者的對話,作者開始內化過程,並持續與自己的作品進行對話。

3. 經由批評別人的作品,並以同樣的技術檢視自己的作品,作家學習超越自己的寫作。

4. 同儕的問題增強作者資料提供者的角色,以及持續其主題思考的能力。

為避免負向或無用的同儕回饋,教師宜教導學生合適的同儕檢視方法。教師應在分享的過程中,示範正向和有用的回饋,促使學生學會提供回饋的方法。

(三)教師討論

教師討論可創造寫作社區,協助學生學會寫作策略。討論能指導學生確定主題,經由腦力激盪把想法化為文章,起草以及編輯文章內容。策略討論中,教師須小心指導學生策略,使學生仍可以在文章中保留自己的思想與特質,以及寫作文章的自主權(Calkins, 1986)。

教師應該詢問只有作者本人才能夠回答的問題,諸如:「你為何寫這個主題?」「為什麼你要這樣寫?」等。教師詢問的問題如果能促使作者去扮演資訊提供者的角色,則能增進學生的寫作覺識和認知能力。

(四)強調寫作的冒險行為

請參閱前文第二節之「四、提供學生寫作的成功經驗」。

(五)出版或發表

出版或發表故事是教室寫作社區的第五種策略，可激引學生的寫作動機和讀者感。透過在班級中發表故事，學生知道他們不只是自己寫自己的作品或是寫給教師的，而是寫給廣大的聽眾——也許是全班同學、全校、雙親或是家人的。學生因而更了解寫作的目的，以及參與寫作社區，並增進自己的寫作熱忱。

出版的形式可以相當多樣化。教師可以將學生的作文打字在不同的頁次上，交由原作者自己畫插圖，再將完成的作品收在一個檔案夾中。學生每隔一星期出版一次故事，而這份出版刊物是班上獨立閱讀的主要資源。教師也可以將上述的成品製作三份，一份交由學生、一份留在班上供閱覽，而另一份則在學校的圖書館中展示（請參閱本章的第八節「寫作應用教學：溝通與發表」）。

二、各種寫作教學策略

學者專家分別建議多種寫作教學策略，諸如筆談（written conversations）（Lerner, 2000; Richek et al., 1996）、私人日誌、類型寫作（patterned writintg）（Lerner, 2000）、分享寫作教學法（shared writing approach）（Mather & Lachowicz, 1992）、織網（web making）策略（Zipprich, 1995）、寫作框架法（writing frames）

（Bigge, Stump, Spagna, & Silberman, 1999）以及對話日誌法（dia-
logue journal）（Gaustad & Messenheimer-Young, 1991）等，茲簡要
敘寫如後。

(一)筆談（written conversations）

學生兩人一組或師生一組進行對談，但禁止使用口語溝通，
只能採行文字溝通。其實施方式包括寫留言條、寫問候或生日等
各類卡片以及主題討論等。筆談時，彼此可以使用不同顏色的筆
寫字。筆談可以促進學生記錄自己思想的寫作能力（Lerner, 2000;
Richek et al., 1996）。

(二)私人日誌

日記寫作的優點是學生比較容易勝任愉快，因為學生可以記
載自己熟悉的事情與經驗，而且日記寫作是不限文體與字數，不
拘形式與內容；學生能夠大膽寫作，因為不必繳交給教師查閱（除
非學生自願與同意）；此外，若教師查閱學生的日記時，宜避免
批改其寫作的機制性錯誤。教師可以鼓勵學生盡量為其特定的日
記定題目，並做美工設計。教師協助學生建檔以保管其日記。在
日記寫作的初期，教師可以示範日記寫作以及提供日記寫作點子
清單，給學生參考與選擇（Lerner, 2000）。

(三)類型寫作（patterned writintg）

教師協助學生選擇具有特定類型或風格的童話或故事書，並
指導學生按照該書的寫作類型（諸如句型、句數、段落與結構等）
進行創作。教師可以把班上學生的作品集結成冊，並在教室展示

（Lerner, 2000）。

㈣**分享寫作教學法**（shared writing approach）

　　教師和學生（人數從一位到一個小組）一起輪流寫一個故事，其實施方式是大家先選擇一個想要寫作的題目，然後大家輪流寫故事的不同成分，可以寫一個字詞、句子或一段，等到大家寫好自己的部分之後，教師先念，接著教師協助學生念。教師經由分享寫作教學法主控字詞彙的教學，包括閱讀與寫字（Mather & Lachowicz, 1992）。

㈤**織網**（web making）**策略寫作教學法**

　　織網策略寫作法類似 Idol（1987）研發的故事結構法（story grammar），教師先提供學生一張故事網（story web）（如圖6-6），學生在故事網寫作故事，然後據以寫成一篇文章（Zipprich, 1995）。

㈥**寫作框架法**（writing frames）

　　寫作框架法係用以協助學生寫作故事，寫作框架（如圖6-14）包含一些開放—終結式句子（open-ended sentences），學生依序按照空格的性質，填寫細節與支持性的資訊，藉以完成故事的寫作（Bigge, Stump, Spagna, & Silberman, 1999）。

㈦**對話日誌法**（dialogue journal）

　　對話日誌法係用以支持學生的書寫語文發展，學生先寫日誌的首頁或段落，接著進行師生或同學閱讀與回應。以師生閱讀與

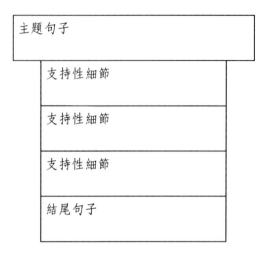

圖 6-14　文章段落框架（Bigge, Stump, Spagna, & Silberman, 1999）

回應為例，教師先朗讀學生的日誌的首頁或段落，然後寫下評論，還給學生，並進行會話。教師可以詢問學生有關學生的作品，或教師寫下自己類似的想法或經驗，並藉此示範正確的寫作結構與寫作機械（Gaustad & Messenheimer-Young, 1991）。

三、使用電腦文字處理系統進行寫作教學

　　Kirk、Gallagher 與 Anastasiow（2000）指出，雖然有些學習障礙學生難於學會使用電腦，然而由於科技工具在職場上的日漸盛行，因此，學習障礙學生學習使用電腦乃是勢在必行。

　　Westling 與 Fox（1995）亦認為，寫作教學可以考慮使用的方式之一是，使用電腦文字處理系統或打字機。有些電腦的文法和錯別字檢核軟體可以幫助學習障礙學生改正其寫作機制性錯誤，

有些電腦的特定軟體能協助學習障礙學生在整個作文過程中的腦力激盪、組織文意，以及修改與編輯等，而有些電腦軟體則能協助學習障礙學生寫作電子信件或參與班級刊物。學習障礙學生藉此而促進其表達高品質作文產品的動機與技巧。教師以電腦文字處理系統進行寫作教學的優點是：能增進學生的寫作動機（學生容易完成比較整潔、較少錯誤的作品，且較易與人分享作品和出版作品），實施合作寫作（透過電腦螢幕與文字處理系統較易進行寫作歷程），解決學生的精細動作問題（學生不必執筆寫字，且可以把時間與精力專注於寫作歷程），容易訂正文章的錯誤和修改文章，以及執行美工與編輯文章等特效工作（MacArthur, 1996; Lewis, Ashton, Haapa, Kieley, & Fielden, 2002）。研究結果顯示，使用電腦文字處理系統能改善學習障礙學生的作文能力，包括比較容易寫作、校稿、修改與編輯（Montague & Fonseca, 1993; Ysseldyke & Algozzine, 1995），與人分享作品以及減少寫作機制性的錯誤，進而提高學生作文的質、量與正確性（Lewis et al., 2002）。電腦文字處理系統能協助學習障礙學生專注於寫作歷程，促進學生的溝通能力（Montague & Fonseca, 1993）。因此，教師在作文寫作歷程教學時，宜訓練學生使用網路的必備技巧（Smith, Boone, & Higgins, 1998），學生在寫作前時期學習關鍵字尋找法、瀏覽與下載資訊；在修改時期學生學習發送電子信件給同學（或有關人員），請同學（或有關人員）回饋，將相關的網路超文件連結加入完成稿，另外附上搜尋連結後，把故事文章貼上網際網路應用程式，超文件連結就可登上網際網路。而在出版時期，學生把故事檔案傳送到有網路連線的班級網站，建立網址，在搜尋引擎註冊故事的網頁，例如雅虎等站，以方便全球網路使用者的

瀏覽。

Lerner（2000）建議使用電腦文字處理系統進行寫作教學，其教學策略如下：

(一) 字彙練習法

教師先讓學生在電腦螢幕上打一個句子或一段文章，學生再針對文句中的某些特定字，從電腦的同義字字典中尋找適用的同義字，藉以擴增學生的字彙。

(二) 連續性故事學習法

教師先在電腦螢幕上，用三到四句敘寫一件事情，然後把句子的次序弄亂；接著要學生使用電腦的「剪下」與「貼上」的功能鍵，把句子的次序更正過來。

(三) 字彙建立法

教師先讓學生在電腦螢幕上打一段文章或一個故事，學生再使用電腦的「尋找」與「取代」的功能鍵，把文句中過度使用的字詞，從電腦的字典中選用更適當的字詞，藉以擴建學生的字彙。

(四) 故事接龍

教師先在電腦螢幕上敘寫故事的開頭，接著要學生各自按照自己的意思寫完故事，或要學生一個接一個，每人輪流寫一句，寫完故事。

(五)電腦日誌或電腦刊物教學法

教師指導學生使用電腦文字處理系統寫日誌或辦理班級刊物，藉以提升學生的閱讀與寫作能力。

(六)電子郵件

學生使用電子郵件傳送訊息給教師、同學、朋友以及親人等，可同時增進自己的寫作機會和寫作能力。

(七)電子布告欄

教師規定學生要參與班級電子布告欄的寫作活動，教師依據班級學生的性質和程度設定電子布告欄的格式、內容以及編寫方式。基本上，教師鼓勵學生以任何相關的主題和文體等，參與班級電子布告欄的活動。

(八)讀書報告

教師教導學生在電腦上撰寫讀書報告之初，可先提供學生讀書報告的表格格式或讀書報告撰寫大綱，並提供與講解讀書報告範例。學生按照上述的資料與練習經驗，在電腦上撰寫自己的讀書報告。

(九)辦理班級新聞通訊（信件）

教師教導學生使用電腦文字處理系統軟體撰寫、插畫、剪貼、編輯和列印班級報紙或新聞通訊。

(十)圖表組織法

　　圖表組織法（graphic organizers）係屬組織與建構想法和概念的視覺展示（visual displays），可以結合上述各種電腦文字處理寫作教學方法實施。其實施方法有二，其一是教師教導學生使用有關的電腦圖表軟體進行圖表繪製，或在電腦上建立自己的圖表集庫。其二是教師協助學生運用圖表組織法產生與組織其寫作內涵（Deshler, Ellis, & Lenz, 1996）。例如教師教導學生使用 Venn 圖表（Venn diagram）（如圖 6-15）來寫「比較與對照」的文章，Venn 圖表是兩個部分重疊的圓形，每一個圓形代表特定的敘寫主題，重疊的部分是兩者相同的地方，而不重疊的部分是兩者相異的地方。另一種圖表組織法的寫作教學策略是從頂到底設計（top-down design）（如圖 6-16）（Korinek & Bulls, 1996），簡稱為 SCORE-A，S 是選擇主題，C 是創造類型，O 是取得資料，R 是閱

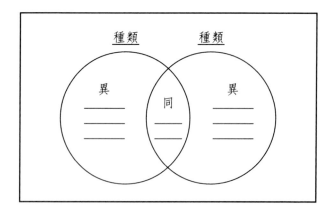

圖 6-15　Venn 圖形（引自 Lerner, 2000）

讀與做筆記，E是均勻地（evenly）組織資訊，而A則是應用（apply）過程寫作方法。教師協助學生依照 SCORE-A，循序設計圖表，並據以寫作。

(土)網路寫作法

教師教導學生選定寫作主題，協助學生上網檢索資訊，藉以撰寫文章、故事或報告，甚或製作自己的主題網頁，與人分享。

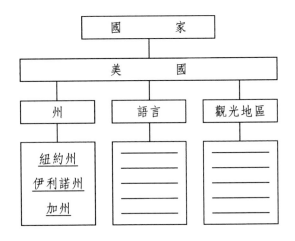

圖 6-16　由頂到底圖表組織圖（Korinek & Bulls, 1996）

第八節　寫作應用教學：溝通與發表

前文指出，兒童書寫語文的產品是兒童知識與思想內涵的視覺指標，組織、控制和引導思想的工具，以及其思想的輔助物

（Alley & Deshler, 1979）。適當的書寫語文能力是兒童證明其學習成就的最主要方式（Smith, 1991），也是兒童學業、社會與生活各方面成功的重要因素之一（Morris & Crump, 1982），兒童的書寫語文障礙可能影響其成年的職業與生活（Adelman & Vogel, 1991; Alley & Deshler, 1979; Cohen & Plaskon, 1980; Johnson & Blalock, 1987）。書寫語文是人類藉以表達思想和情感等訊息的一種行為（Myklebust 1965; Temple, Nathan, Burris, & Temple, 1988）或記錄與傳遞訊息的一種體系（Adams, 1996），因而書寫語文是一種社會性、建構性和發展性的活動和溝通過程（Cheek, Jr., Flippo, & Lindsey, 1977）。因此，書寫語文教學的最終目標之一，乃是培養學生應用書寫語文表現有效的溝通能力。在書寫語文教學的過程中，教師係以兩種教學方式施行溝通與發表的應用能力訓練。

一、寫作教學過程中的相關學習活動

寫作的過程原本是自我對話以及與潛在讀者（即讀者感）對話的溝通過程，換言之，教師在寫作教學過程中，就在訓練學生的溝通與發表的應用能力。因而在寫作次歷程教學、寫作的認知策略教學與寫作教學策略等教學過程中，學生可以經由多種學習活動練習溝通與發表的應用能力。

二、寫作作品的發表

教師協助學生發表寫作作品，有助於提升學生的寫作興趣、動機與能力，培養學生積極的自我概念以及建立其良好的人際關

係；亦可增進學校與家庭、教師與家長，以及教師與學生之間對學生寫作教學的積極參與和互動（Smith, 1991）。前文指出，教師在寫作次歷程教學、寫作的認知策略教學和寫作教學策略等相關的教學活動中，即在訓練學生溝通與發表的能力以及提供學生寫作作品的發表機會：諸如完稿的作文作業、個人專書（含有聲書、繪本和漫畫書）、個人日誌、作家椅子、班級朗讀作品、父母朗讀作品、電子郵件、電子布告欄、讀書報告與個人網頁等。此外，教師可以經由個人作文檔案或專輯、班級看板、班刊以及校刊等方式，協助學生發表作品。

(一)個人作文檔案或專輯

　　教師對書寫語文學習障礙學生適合採行檔案評量法（portfolia assessment），為個別學生建立個人作文檔案或專輯，其內容包括學生自選（或教師協助學生挑選）個人一學期以來的有關書寫語文的學習表現，像作文課的最佳作品、學生寫的書信、日記選集、自製的賀卡、有聲書、漫畫單（或書冊）以及電子郵件等。若以專書或專文的形式出版，最好要設計封面以及版權頁等資料，並發行與流通，例如分送各班以及在班級教室或在學校圖書館展示等。

(二)班級看板

　　教師經營班級看板，開闢文藝區。教師宜協助全班學生，包括書寫語文學習障礙學生在內，每學期都有作品上看板的機會。學生的作品可以從個人作文檔案或專輯中挑選，不拘文體、字數和形式（手寫、電腦打字、有聲書或漫畫書冊）等。

(三)班刊

班刊的形式包含報紙型、雜誌型或網頁型。採編輯小組與輪編方式，師生共同經營，每學期一至三期，視班級的年段和刊物的大小等因素而定。教師宜協助全班學生，包括書寫語文學習障礙學生在內，每學期都能以某種方式參與班刊的工作，或有作品上班刊的機會。

(四)校刊

教師從學生個人作文檔案或專輯中挑選作品，鼓勵與協助學生投稿校刊。筆者曾兼任台北市市立師範學院附設實驗小學校長，當時附小校刊《童聲》的每一篇文章都由學校編輯教師負責設計插圖，筆者將之改為由學生看文章畫插圖。如此一來，每一篇文章都有兩位學生的作品，一位寫文章，另一位畫插圖。

簡而言之，寫作後期（postwriting）或發表時期的主要目的，在確認與分享學生已完成的作品；而其重要的策略和技術則是插圖等美工設計與出版發表，與真實的讀者分享已完成的作品，把作品蒐集在個人作品檔案或班級作品檔案裡，在班級布告欄展示學生的作品以及在學校的圖書館展示等（Bigge, Stump, Spagna, & Silberman, 1999; Lerner, 2000）。

﹝第七章﹞
書寫語文學習障礙學生診斷與教學活動設計實例

第一節　國小兒童書寫語文能力診斷報告與教學活動設計──實例一

國小兒童書寫語文能力診斷測驗分析表

一、學生基本資料

學生姓名：

就讀學校：　　　國小　三年　　班

性別：男

生日：82 年　月　日

測驗日期：91 年 4 月 12 日

登錄日期：91 年 6 月 11 日

登錄者：鄧國彬老師

相關測驗資料（施測日期 90 年 9 月 12 日、施測時實足年齡 8 歲 3 個月）

二、施測結果

(一)作文產品量表

總字數	113
總句數	16
平均每句字數	7.1

(二)造句（語法）量表

錯誤類型	錯　誤　類　型			
錯誤類型	用　字	錯別字	標點符號	總　　計
添　加	5	0	0	5
省　略	0	0.33	5	總省略：5.33
替　代	6	4.33	0	10.33
字　序	0	0	0	0
總　計	11	4.66	5	總錯誤：20.66

總字數 113 ＋總省略 5.33 ＝總單位 118.33

總單位 118.33 －總錯誤 20.66 ＝總正確 97.67

總正確 97.67 妘總單位 118.33 闢 100 ％＝ 82.54 造句商數（SQ）

(三)文意量表

具體—抽象	得分層次（打肒）	得分範圍
層次一：無意義的語句		0
層次二：具體—敘述		1　2　3
層次三：具體—想像	肒	④　5
層次四：抽象—敘述		6　7
層次五：抽象—想像		8　9　10

三、國小書寫語文能力診斷測驗登錄表

編號	性別	年級	產品							造句			文意		
			總字數	T分數	百分等級	總句數	平均每句字數	T分數	百分等級	造句商數	T分數	百分等級	得分層次	T分數	百分等級
01	男	三	113	42	22	16	7.1	40	11	82.54	低於常模無法對照		4	45	36
程度（男生全體）			中下			中下				實施書寫語文補救教學			正常偏低		

四、測驗結果與應用

(一)測驗結果的解釋

　　該生在國小兒童書寫語文能力診斷測驗結果分析與應用，可分成以下三部分來加以研討，依序為產品、造句、文意，分別加以解釋如下：

1. 產品部分

(1)總字數：該生的得分為 113，對照三年級男生總字數常模為百分等級 22，T 分數為 42，其在三年級男生的全體程度而言是屬於中下程度。

(2)總句數：該生原始得分為 16。

(3)平均每句字數：該生原始得分為 7.1，百分等級為 11，T 分數則為 40，其在三年級全體男生平均每句字數部分仍屬於中下程度。

2. 造句部分

　　該生的造句商數為 82.54，其百分等級與 T 分數因低於常模，無從對照，故該生在三年級全體男生的造句商數屬於需要實施書寫語文能力教學。

3. 文意部分

　　該生在文意部分得分為 4，百分等級為 36，而其 T 分數為 45，屬於正常程度偏低。

(二)優弱勢能力分析

1. 弱勢：該生詞彙、類同、語文理解能力不佳，導致其在語文學習的表現上呈現出詞彙量不夠、識字不夠多、會寫的字太少、以注音代替國字表達，再加上其記憶廣度、專心注意不佳，尤其是聽覺記憶短暫，常常訊息處理過程太過緩慢，以致不知道老師說了什麼，所以推斷其從小語音輸入時就沒聽清楚，導致其構音上（ㄒ、ㄙ、ㄕ、ㄐ、ㄑ、ㄊ）的問題。又該生常常會有偏離主題的話出現，可能都與其訊息處理過程中延遲、混淆有關。

2. 優勢：該生仿寫能力不錯、字跡漂亮、教導其句型後會模仿學習，惟記憶不能持久。

3. 錯誤類型分析：
   (1)該生在用字和錯別字上都有添加和替代的情形。
   (2)同音異字的情形（在替代再）。
   (3)從頭到尾該生除了文章最後有一句號出現，皆未呈現標點符號。
   (4)連接詞的部分不會使用，反而一直用「我就……」來串連句子。

4. 根據錯誤類型分析，該生不論在用字或錯別字上替代的情形較為嚴重，尤其是注音符號上有ㄐ替代ㄑ（ㄐㄠ替代ㄑㄡ）、ㄐ替代ㄊ（ㄐㄢ替代ㄊㄢ）、聲調錯誤的情形。

五、教學建議

1. 標點符號的問題，應教導其段落的概念，基本的逗號、頓號、句號等等，如何在適當時機時引用。

2. 構音上的問題，應在學生有問題的音上特別延長發聲的時間（例如：我們去玩盪秋……千，把秋的音延長），讓學生有足夠的時間聽覺輸入，可以自我矯正發音錯誤的問題，以便能改善其注音符號替代的情形。

3. 訓練該生辨別四聲聲調的不同之處。

4. 其注音符號過多，國字字彙量太少，故教學上應加強其字詞彙量的練習，例如：將其日常生活周遭事物彙整，再分成形容詞、單位詞、動詞、名詞等等來教學。

5. 語句長度不夠的問題，應先多訓練基本句型，然後再將句型彙整，拉長其句子長度。可鼓勵學生以照樣造句的方式或常做多樣化的句型造句的學習活動，逐步引導學生拉長句子，使作文產量增多。

6. 指導其連接詞的類型及使用時機，多做句與句的串連練習，訓練其判斷該用何種連接詞。

7. 文意內容部分，可以訓練學生多聽故事、了解文章段落大意、起承轉合，並訓練學生以結構化、擴散性的方式去思考，以改善其作文內容。

8. 聽覺記憶短的問題，教學上應加強視覺提示，或實際操作，教師要注意說話的速度，不能太快，語句要簡短明確。

9. 加強其語言理解的部分。

六、教學活動設計

教學單元	ㄑ的世界	教學日期	91 年 6 月 3 日　　時間：40 分鐘		
教材來源	自編	教學者	鄧國彬		
單元目標	1. 能辨別ㄐ、ㄑ的發音 2. 會書寫有ㄑ的詞彙 3. 會使用基本的句型 4. 會使用連接詞	具體目標	1.1 能發現ㄐ、ㄑ在發音上送氣不送氣的差別 1.2 能正確發出有ㄑ的詞彙 2.1 會書寫有ㄑ詞彙的注音 2.2 會書寫有ㄑ詞彙的國字 3.1 會使用主詞＋動詞＋名詞 3.2 會使用主詞＋動詞＋單位詞＋名詞 3.3 會使用主詞＋動詞＋單位詞＋形容詞＋名詞 4.1 會使用「還要……」來連接句子		
教學環境分析	教學方式：小組教學。 教具：ㄑ的詞彙卡				
教學目標代號	活動過程	教學資源	時間分配	效果評量	
1.1	引起動機 老師在學生的手掌上分別發ㄐ、ㄑ的音，請學生分辨有何不同		5 分	能發現ㄐ不送氣、ㄑ送氣的分別	

（下頁續）

（承上頁）

	發展活動	ㄑ的詞彙卡	15分	能念出「球」「鉛筆」
1.2	＊小朋友請你念念看「球」「鉛筆」			
2.1	＊請你將「球」「鉛筆」的注音寫出來			能寫出「ㄑ一ㄡˊ」「ㄑ一ㄢ ㄅㄧˇ」
2.2	＊請拿起你的手來，跟老師寫一次「球」「鉛筆」			能正確寫出「球」「鉛筆」
3.1	＊請你說「我要買鉛筆」			能說出「我要買鉛筆」
3.2	＊請你說「我要買球」			能說出「我要買球」
	＊請你說「我要買兩支鉛筆」			能說出「我要買兩支鉛筆」
	＊請你說「我要買三顆球」			能說出「我要買三顆球」
3.3	＊請你說「我要買兩支紅色的鉛筆」			能說出「我要買兩支紅色的鉛筆」
	＊請你說「我要買三顆黃色的足球」			能說出「我要買三顆黃色的足球」
	＊請你說「我要買兩支紅色的鉛筆，還要買三顆黃色的球」			能說出「我要買兩支紅色的鉛筆，還要買三顆黃色的球」
	綜合活動			
4.1	依照ㄑ的詞彙卡上的詞彙以上述方式重複練習注音、國字、句型、連接詞。待學生學會後，再變換不同的句型和連接詞，讓學生依樣照句		20分	

七、學生作文樣本

我去玩的ㄕㄨ我就一子玩ㄅㄨㄐㄧㄞ又玩又ㄘㄟ我ㄐㄧ一子玩到ㄐㄧㄞ我ㄏㄨ
ㄏㄨ家我ㄐㄧ明ㄊㄧㄢ在玩ㄅㄨㄐㄧㄞㄊㄧㄢ明ㄊㄧㄢ我ㄐㄧ玩ㄅㄠ的ㄍㄨ我ㄐㄧㄋㄚ到新的水我
ㄐㄧㄋㄚ到一ㄓ二ㄓ三ㄓ我ㄇㄞ的ㄅㄠ玩我ㄐㄧㄉㄨㄛ十ㄓㄘㄨ去ㄍㄡㄊ我一子玩魚十
ㄓㄘㄨㄕ了我ㄐㄧㄘㄨ了一1000ㄓ魚ㄍㄟ去ㄍㄡㄊㄊㄊㄅㄤ大了我ㄈㄨ媽媽。

八、附件：ㄑ的詞彙卡

ㄑ	汽車	奇異果	汽水	氣球
生氣	鉛筆	球	切	盪鞦韆
翹翹板	巧克力	敲門	親	青蛙
晴天	去那邊	呼啦圈	錢	

第二節　國小兒童書寫語文能力診斷報告與教學活動設計——實例二

國小兒童書寫語文能力診斷測驗登錄表

姓名：王大同（化名）　性別：男　　年齡：8 歲

學校：　　　　國小　年級：二年級　智商：（托尼非語文智力量表）

登錄者：邱利盈　日期：91.6.7　國語成就：二年級上學期期中 89 分

　　　　　　　　　　　　　　　　　　　　　　期末 76 分

　　　　　　　　　　　　　　　　　　　下學期期中 72 分

(一)作文產品量表

總字數：66　　平均每句字數：6.6　　　總句數：10

(二)造句（語法）量表（修訂自 Myklebust, 1965）

錯誤類型	錯 誤 類 型			總　計
錯誤類型	用　字	錯別字	標點符號	總　計
添　加		0.33		0.33
省　略		4.33	4.33	總省略：8.66
替　代		2.33		2.33
字　序				
總　計	0	7	4.33	總錯誤：11.33

總字數 66 ＋總省略 8.66 ＝總單位 74.66

總單位 74.66 －總錯誤 11.33 ＝總正確 63.33

總正確 63.33 妁總單位 74.66 鬮 100％＝ 84.82 造句商數（SQ）

(三)文意量表（修訂自 Myklebust, 1965）

具體—抽象	得分層次（打肶）	得分範圍
層次一：無意義的語句		0
層次二：具體—敘述		1　　2　　3
層次三：具體—想像	肶	④　　5
層次四：抽象—敘述		6　　7
層次五：抽象—想像		8　　9　　10

國小兒童書寫語文能力診斷測驗分析表

學校：　　　　　國小　　　　　　　　測驗日期：91.6.7

學生：王大同（化名）　　登錄日期：91.6.16　分　析　者：邱利盈

編號	性別	年級	產　品						造　句			文　意		
			總字數	T分數	百分等級	總句數	平均每句字數	T分數	百分等級	造句商數	T分數	百分等級	得分層次	T分數	百分等級
	男	二	66	42	19	10	6.6	37	10	84.82	29	1	3	44	29
程度（二年級男生常模）			中下				中下			需要書寫語文補救教學			正常偏低		

(一)解釋：測驗結果分析、優勢能力、弱勢能力等

1. 測驗結果分析

　　將個案在此測驗的分項分數對照於二年級男生常模。總字數66，其T分數為42，百分等級為19，屬中下程度。平均每句字數6.6，其 T 分數為37，百分等級為10，屬於中下程度。造句商數84.82，其T分數為29，百分等級為1，屬於需要書寫語文補救教學的程度。而文意得分為3分，其T分數為44，百分等級為29，其程度是屬於正常偏低。總括上述個案在此「國小兒童書寫語文能力診斷測驗」等產品、造句、文意分項測驗結果，個案的程度

在各項二年級男生常模均都屬中下且偏低,實應進一步分析其錯誤類型,設計適當教學活動,予以增進個案書寫語文能力。

2.優勢能力

個案在作文用字上,並無添加、省略、替代、字序的錯誤類型。

3.弱勢能力

(1)總字數分析:在全文66個字,使用24個國字,42個注音,足見國字的字彙很少。

(2)錯別字分析:文中錯別字類型主要為注音符號,韻母或聲母替代,調號的替代或省略,同音字和近似音字的錯誤使用。

(3)標點符號分析:全文僅使用一個貌似逗號的標點符號。標點符號省略的錯誤相當嚴重,占總錯誤率的44.82%。

(4)造句商數分析:個案的造句商數84.82,在全體二年級男生的百分等級為 1,程度極差,有實施書寫語文能力教學之必要。

(二)應用:教學（教材與教法）、輔導（課程與策略）等

1.個案的作文中注音符號的使用占用字的 63.63 %,雖低年級在書寫時注音符號的使用本來就偏高,但個案的用字許多都在二年級的字彙中,如「泥沙」、「皮」、「有」趣、「秋千」、「笑」、鑽「洞」等。所以個案須加強字彙的建立及使用。

2.個案書寫的字跡不夠工整,容易有錯別字的產生,所以教學

時可加強個案的握筆姿勢、坐姿及書寫時的專注力。或者評量個案手部的肌力，是否因手部的肌力較差所導致運筆不佳，字跡潦草。若是手部肌力問題，教師可以安排手部肌力訓練。

3. 個案注音符號的錯別字比率相當高，42 個注音符號用字中，錯誤率占 45.23 ％，錯誤類型中以調號錯誤最多，占 73.68 ％。所以個案仍須補救其注音符號教學。

4. 個案在文中僅使用了一個逗號，標點符號的錯誤率占總錯誤率的 38.21 ％，個案似乎不了解標點符號的使用，所以教師可再進一步測試個案對標點符號的意義與用法的認識程度，在實施書寫語文補救教學時，針對個案的程度加以指導其標點符號的認識與使用。

5. 個案的文意以二年級男生的程度屬正常偏低。就作文作品分析，內容簡短，文意不流暢，並僅止於具體—描述的層次。因此在教學上可加強想像力教學、增加閱讀機會或進行故事接力等教學活動，以激發學生想像力及思考的流暢性。

(三)教學設計

針對其文意表現設計以下教學活動，增加個案詞彙的使用與思考的流暢性。

課程名稱：故事接力

教學目標：1. 能夠說出故事內容。

　　　　　2. 能將所說的故事內容文字正確的書寫。

　　　　　3. 能增進學生參與學習活動的動機。

教學資源：1. 可構成故事內容的相關圖卡。

　　　　　2. 一張 B4 的紙張。

　　　　　3. 彩色筆。

教學活動：1. 學生與教師共同挑選一些圖卡，並共同擬定故事主題。

　　　　　2. 學生圍坐桌旁，依序輪流說故事。當同學接故事時，由前一個同學做故事紀錄（不會的用字可使用注音符號）。

　　　　　3. 當學生忘了前面的故事內容時，可請記錄的同學念出前面的故事內容，以幫助思考。

　　　　　4. 故事完成後可由學生在紙上彩繪，並貼到後面的布告欄，增加其成就感。

　　　　　（教師可參與活動，並指導學生書寫的文字內容。）

教學評量：1. 學生書寫文字的正確性。

　　　　　2. 學生所表達故事內容的完整與流暢性。

應用：在發展活動時，教師也可運用一些連環圖片或影片欣賞等，引導學生其故事內容的啟發。

建議：可讓學生每人持有不同顏色的色筆，除增加版面色彩，也可讓學生的表現有所區別。

課程名稱：字與詞聯想

教學目標：1.運用啟發思考的原則，引導學生的思考想像與流暢。

2.增加學生說出與寫出詞彙的能力。

3.能增進學生參與學習活動的動機。

教學資源：1.字卡與詞卡數十張。

2.作業單。

教學活動：1.將字卡與詞卡放置桌子中央。

2.學生圍坐在桌子四周，並發給每人一張作業單。

3.由教師開始翻第一張詞卡，學生依卡上的字或詞輪流進行聯想。

(1)字的聯想，例如由「吃」這字可以聯想到哪些詞呢？（肚子餓、麥當勞、嘴巴……。）

(2)詞的聯想，例如由「上下」這個詞可以聯想到哪些詞呢？（樓梯、坐車、運動……。）

(3)當學生想出詞彙時，同時也必須將它寫在作業單上（不會寫的字可以問老師或注音）。

(4)若學生想不到詞，則必須重新翻一張詞卡，而前一張詞卡則歸此學生所有。

(5)遊戲進行到桌面上的詞卡沒有而結束。

（教師為此活動的仲裁者，若詞聯想的次數過多，教師可重新翻牌；並判定有爭議的詞彙。）

教學評量：1.學生能依詞卡的線索，聯想出另一個詞彙。

2.學生能將所說出的詞彙正確的書寫。

3.可計算學生手上的卡片數，來評定此遊戲勝負。

應用：本活動應適合各年級的語文教學，教師可依學生程度將活動做適當的修改與限制。

建議：本活動的人數不宜過多，教師自行斟酌。

第三節 國小兒童書寫語文能力診斷報告與教學活動設計——實例三

國小兒童書寫語文能力診斷測驗登錄表

姓　名：　小鈴　　　性別：　　女　　　　年齡：10歲8個月

學　校：○○國小　　年級：　　五　　　　智商：　　82

登錄者：黃彩霞　　日期：91.12.14　　國語成就：四下期末55分

五上期中61分

(一)作文產品量表

總字數：200　　　總句數：20　　　平均每句字數：10

(二)造句（語法）量表

錯誤類型	錯 誤 類 型			
錯誤類型	用 字	錯別字	標點符號	總 計
添 加	1	0.33		1.33
省 略	1	0.33	3.33	總省略：4.66
替 代	2	1	2.33	5.33
字 序				
總 計	4	1.66	5.66	總錯誤：11.33

總字數 200　＋總省略 4.66 ＝總單位 204.66

總單位 204.66 －總錯誤 11.33 ＝總正確 193.33

總正確 193.33 妳總單位 204.66 闘 100 ％ ＝ 94.46 造句商數（SQ）

(三)文意量表

具體—抽象	得分層次（打肌）	得分範圍
層次一：無意義的語句		0
層次二：具體—敘述		1　2　3
層次三：具體—想像	肌	④　5
層次四：抽象—敘述		6　7
層次五：抽象—想像		8　9　10

國小兒童書寫語文能力診斷測驗分析表

學　　校：○○國小　　　學生姓名：小鈴　　　測驗日期：91.11.22
登錄日期：91.11.27　　　分析者：黃彩霞

編號	性別	年級	產　　品						造　　句			文　　意		
			總字數	T分數	百分等級	平均每句字數	T分數	百分等級	造句商數	T分數	百分等級	得分層次	T分數	百分等級
	女	五	200	43	34	10	45	37	94.46	26	4	4	36	12
程度（五年級女生）			中等偏低			中下			實施書寫語文能力教學			實施書寫語文能力教學		

(一)解釋：測驗結果分析、優勢能力、弱勢能力、錯
　　誤類型分析

1. 測驗結果解釋與分析
　　產品 A.總字數 200，T ＝ 43，PR ＝ 34，程度：中等偏低。
　　　　　B.總句數 20，平均每句字數 10，T ＝ 45，PR ＝ 37，程
　　　　　　度中下，顯示其句子的結構稍嫌鬆散。
　　造句商數：SQ94.46，T ＝ 26，PR ＝ 4，程度：實施書寫語文
　　　　　　能力教學。顯示其用字錯誤，語法能力弱。主要
　　　　　　錯誤類型：用字（添加與替代），錯別字（替
　　　　　　代），標點符號（省略與替代）。此為其弱勢能力。

文意：得分 4，T ＝ 36，PR ＝ 12，程度：實施書寫語文能力教學，達到層次三：具體─想像。文章內多使用名詞、動詞和少數形容詞，敘述尚可解，其情節仍不夠充實多樣。

2. 優勢能力分析

該生在作文的總字數及平均每句字數兩項有中等的表現。寫字能力為其優勢能力。

3. 弱勢能力分析

(1)在造句商數及文意部分能力很差，需要實施書寫語文能力的補救教學。文章的敘述多為具體、表象，缺乏概念及抽象層次的思考，詞語多為名詞及動詞，缺乏運用形容詞及副詞。

(2)用字的錯誤類型以「替代字」最多，如用「情」代替「晴」，用「的」代替「得」，「遊」代替「游」等。

(3)標點符號：省略和替代情形較多，文中用了很多逗號，但省略很多句號和頓號。

(4)注音符號的使用率為 3 ％，「鞦韆」、「冒」出、「擔」心、「顏」色等字，應該在國小五年級前都學過。

(二)教學輔導建議：教學（教材與教法）、輔導（課程與策略）

1. 注音符號教學：小鈴的注音符號韻母方面的區辨不清楚，常有混淆情形，須在此方面加以補救，使其能清楚區分。

2. 標點符號：除了逗號和句號外，其他標點符號的認識及其使用時機須再加強說明。

3. 小鈴的錯別字替代比率較高，探究其原因，可能因其聽知覺及理解方面有困難，因此造成其對字義的了解有困難，而導致相似字型和相似字音的國字，混淆不清。應該在實施「字」的教學時，能夠強調字義的解釋，使其能清楚區辨。

4. 在文意的補救教學方面：加強詞語的運用，如循序漸進地為詞語加上動詞、數量單位、形容詞、顏色形狀、比喻……等等的方式，豐富及拉長句子；運用引導式寫作技巧訓練，使其逐步將文章的始末及過程依照引導一一述寫，完成有架構性的文章。

㈢ 書寫語文教學活動設計

詞語擴充

◆ 課程名稱：為詞語「加油添醋」

◆ 教學目標：

　1. 能夠寫出六個基本句型。

　2. 能夠為詞語加上「數量及單位詞」。

　3. 能夠為詞語加上「色彩」。

　4. 能夠為詞語加上「形狀」。

　5. 能夠為詞語加上「動作」。

　6. 能夠為詞語加上「比喻」。

　7. 會為語詞加上數量、單位詞、色彩、形狀、動作、比喻等，加長成為一個完整的句子。

　8. 會用誇張法描寫句子。

◆ 教學資源

　1. 書寫語文作業學習單7。

　2. 語詞卡。

3.句子長牌。

◆ 教學活動

1.先利用競賽方式，針對每一單元的主題，由學生腦力激盪出所有的內容。

2.老師使用語詞卡及句子長牌做出歸納及整理。

3.學習單練習。

4.綜合活動——運用賓果遊戲、進攻城堡、傳唱遊戲等活動，將所學課程融入，作為複習與熟練的方式。

◆ 教學評量

1.學生書寫文字及內容的正確性。

2.綜合活動時所表現的流暢性及正確性。

◆ 應用與建議：本活動須採小組教學或團體活動的方式進行，有同儕共同腦力激盪與競爭，更可以讓內容加深加廣。

作文練習

◆ 課程名稱：引導式寫作

◆ 教學目標

1.運用步驟分析的方式，引導學生逐步完成寫作。

2.透過各式動態活動，激發學生參與學習的動機。

3.使學生了解文章的架構及內容的敘寫方式。

◆ 教學資源

1.書寫語文學習單。

2.學校及社區周遭的自然環境（如：天空、雲朵、樹葉、草地……等等）。

3.色鉛筆、剪刀、膠水、膠帶、肥皂泡泡。

◆ 教學活動

1.首先進行一主題探索活動（訪問、接觸大自然、觀察、想像、

遊戲……等），使學生能做深入的體驗。

　　2.輪流分享體驗與感受。

　　3.完成學習單8。

◆ 教學評量

　　1.學生能用心認真做體驗活動。

　　2.學生能將體驗與感受表達出來，與他人分享、交流。

　　3.能將體會按序書寫於學習單中。

◆ 應用與建議

　　活動的進行須掌握重點，老師要強調主題，讓學生有所依循做適當的體驗與觀察。

附錄：書寫語文學習單

領域：句子	單元：擴充句子	項目：數量	
程度：☆	學生姓名：	習作日期： 　年　月　日	結果評量：

前言：小朋友，如果將詞語加上數量，將能表達得更清楚、明確，讓我們來認識下面這些詞語的單位詞。

準備接招：看看老師的示範。

◎例題：我的鉛筆盒裡有（八支）鉛筆。

◎例題：他送給我（一束）百合花。

開始挑戰：換你想一想、寫一寫。

◎（　　）葡萄。◎（　　）微風。◎（　　）小鴨子。

◎（　　）汽車。◎（　　）沙子。◎（　　）餅乾。

◎路上有（　　）小朋友。◎明天有（　　）客人要來。

◎哥哥跑了（　　）操場。◎天上有（　　）飛機飛過。

◎爸爸買了（　　）電腦。◎天空出現（　　）彩虹。
◎母親節我送媽媽（　　）康乃馨。◎我買了（　　）雞蛋。
◎那兒有（　　）高山，山的旁邊有（　　）小河。
◎我晚上吃了（　　　　　　　　）。
◎動物園裡有（　　　　　　　　）。
◎美勞課時，桌上擺了（　　　　　　　　）。
◎教室裡有（　　　　　　　　）。
◎我的書包裡有（　　　　　　　　）。

領域：句子	單元：擴充句子	項目：色彩	
程度：☆	學生姓名：	習作日期： 　年　月　日	結果評量：

前言：小朋友，生活中的東西都是有顏色的，就讓我們來玩給詞語
　　　塗上顏色的遊戲吧！

準備接招：看看老師的示範。

◎例題：雪白的兔子、我的外套是粉紅色的、黃黃的香蕉。

開始挑戰：換你想一想、寫一寫。

◎藍藍的＿＿＿＿＿＿。　　◎＿＿＿＿＿＿的看板。
◎綠油油的＿＿＿＿＿＿。　◎五顏六色的＿＿＿＿＿＿。
◎花花綠綠的＿＿＿＿＿。　◎金光閃閃的＿＿＿＿＿＿。
◎花兒＿＿＿＿＿。　　　　◎家裡的小狗＿＿＿＿＿。
◎下雨的天空＿＿＿＿＿。　◎我的房間＿＿＿＿＿。
◎＿＿＿＿＿＿的鉛筆盒。　◎＿＿＿＿＿＿的小魚。
◎葡萄是＿＿＿＿＿。　　　◎小白兔的眼睛＿＿＿＿＿。

增強功力：多練習一些，你會進步得很快喲！

◎白白的＿＿＿＿＿＿。
◎＿＿＿＿＿＿是棕色的。

◎松鼠的尾巴＿＿＿＿＿。
◎青蛙＿＿＿＿＿。
◎＿＿＿＿＿灰灰的。
◎＿＿＿＿＿是花花綠綠的。

領域：句子	單元：擴充句子	項目：形狀	
程度：☆	學生姓名：	習作日期： 　年　月　日	結果評量：

前言：小朋友，生活中的每樣東西都有形狀，就讓我們把東西的形
　　　狀寫出來，這樣東西才能更具體的出現在我們的眼前！

準備接招：看看老師的示範。

◎例題：長長的竹竿、橄欖球是橢圓形的、馬路很寬。

開始挑戰：換你想一想、寫一寫。

◎方方的＿＿＿＿＿。　◎高高的＿＿＿＿＿。
◎又圓又大的＿＿＿＿＿。　◎又粗又長的＿＿＿＿＿。
◎尖尖的＿＿＿＿＿。　◎矮矮胖胖的＿＿＿＿＿。
◎月亮＿＿＿＿＿。　◎大樹＿＿＿＿＿。
◎＿＿＿＿＿的電視機。　◎我的房間＿＿＿＿＿。
◎＿＿＿＿＿的鉛筆盒。　◎＿＿＿＿＿的湯圓。
◎香蕉是＿＿＿＿＿。　◎大象有＿＿＿＿＿鼻子。

增強功力：多練習一些，你會進步得很快喲！

◎短短的＿＿＿＿＿。
◎＿＿＿＿＿是半圓形的。
◎河流＿＿＿＿＿。
◎小白兔的眼睛＿＿＿＿＿。
◎三角形的＿＿＿＿＿。
◎彎彎曲曲的＿＿＿＿＿。

領域：句子	單元：擴充句子	項目：動作	
程度：☆	學生姓名：	習作日期： 　年　月　日	結果評量：

前言：小朋友，如果要把句子寫得更生動活潑一些，你可以幫句子
　　　加上動作，那麼句子就能立刻變得更傳神了，讓我們想一想
　　　要如何加上動作。

準備接招：看看老師的示範。

◎例題：小鳥（拍拍翅膀，飛走了）。

◎例題：我高興得（又叫又跳）。

開始挑戰：換你想一想、寫一寫。

◎皮球（　　　）。◎蝴蝶蜜蜂在花叢間（　　　）。

◎我把牛奶（　　　）了。◎金魚在水中（　　　）。

◎同學們在操場（　　　）。◎我用力的把球（　　　）。

◎小狗一邊（　　　）一邊（　　　）。

◎弟弟常常一邊（　　　）一邊（　　　）。

◎合唱比賽得到第一名，同學高興得又（　　　）又（　　　）。

◎妹妹的寶貝娃娃不見了，她感到既（　　　）又（　　　）。

◎他難過得（　　　）。

◎（　　　）搖來搖去。

◎（　　　）大吼大叫。

增強功力：多練習一些，你會進步得很快喲！

◎他嚇了一跳（　　　）。

◎葉子（　　　）。

◎花園裡許多蜜蜂（　　　）。

◎下大雨了，路上的行人（　　　）。

領域：句子	單元：擴充句子	項目：打比方	
程度：☆☆	學生姓名：	習作日期： 　年　月　日	結果評量：

前言：小朋友，如果要把句子寫得更活潑一些，你就得練習幫句子
　　　打個比方，現在就讓我們來動動腦聯想一下吧！

準備接招：看看老師的示範。

◎ 例題：星星一閃一閃的像（一個個小燈泡一樣）。

◎ 例題：她笑起來的樣子就像（布丁狗一樣可愛）。

開始挑戰：換你想一想、寫一寫。

◎他說話的聲音像（　　　　　　　　　）。

◎媽媽生氣的時候（　　　　　　　　　）。

◎站在山頂往下看，路上的車子像（　　　　　　　　　）。

◎紅紅的太陽像（　　　　　　　）。

◎（　　　　　　　）像棉花糖一樣。

◎（　　　　　　　）像一個頑皮的孩子。

◎天氣很熱，像（　　　　　　　）。

◎螢火蟲像（　　　　　　　）。

◎下雨的聲音像（　　　　　　　）。

增強功力：多練習一些，你會進步得很快喲！

◎天上的雲像（　　　　　　　）。

◎他大笑的聲音像（　　　　　　　）。

◎路上的汽車像（　　　　　　　）。

◎同學的眉毛像（　　　　　　　）。

◎樹上的葉子飄下來，好像（　　　　　　　）。

◎長頸鹿的脖子長長的，像（　　　　　　　）。

領域：句子	單元：擴充句子	項目：綜合練習	
程度：☆	學生姓名：	習作日期： 　年　月　日	結果評量：

前言：小朋友，生活中的東西大都有形狀、顏色、數量、動作或可以將它們打個比方，現在就讓我們試試看，將一個簡單的東西加上這些形容，這樣東西才能更具體的出現在我們的眼前！

準備接招：看看老師的示範。

◎例題：

　太陽：<u>一個又圓又大的紅太陽好像一個大火球在天空中慢慢移動</u>。

開始挑戰：換你想一想、寫一寫。

◎獅子：_____

◎弟弟：_____

◎車子：_____

◎沙子：_____

◎飛機：_____

◎老師：_____

◎樓房：_____

◎螞蟻：_____

第四節　國小兒童書寫語文能力診斷報告與教學活動設計──實例四

一、國小兒童書寫語文能力診斷報告

國小兒童書寫語文能力診斷測驗分析表

學　校：　　　　　測驗日期：91.1.11

學生姓名：　小明　　登錄日期：91.1.12　　分析者：楊坤堂

編號	性別	年級（全體）	產品						造句			文意		
			總字數	T分數	百分等級	平均每句字數	T分數	百分等級	造句商數	T分數	百分等級	得分層次	T分數	百分等級
	男	五	120	41	14	10.9	48	51	90.74	30	6	5	46	39
程度（男生、全體）			中下（中）			中等稍低			須實施書寫語文補救教學			正常偏低		

(一)解釋：測驗結果分析、優勢能力、弱勢能力等

1. 測驗結果分析

　　總字數 120，其 T 分數為 41，在五年級男生與全體五年級學生的程度均屬於中下。平均每句字數 10.9，其 T 分數為 48，屬於中等稍低的程度。造句商數是 90.74，T 分數是 30，屬於需要接受書寫語文能力補救教學的程度。而文意得分是 5 分，其程度是屬於正常偏低，宜注意輔導。

2. 優勢能力

　　國字與錯別字無省略的錯誤類型。

3. 弱勢能力

　　(1)標點符號分析：全文四段共使用四個句號，未使用逗點；最後一句是疑問句，但使用句號，未能使用問號。標點符號省略的錯誤相當嚴重，占總錯誤的 20.56 ％。

　　(2)錯別字分析：

　　　A.用字和錯別字的替代：以藍球代替籃球，以糖哥代替堂哥，以多生代替多深，以能代替呢。

　　　B.用字添加：我還會想到去大新店游泳池的溜ㄌㄧㄡ ㄏㄨㄚˊ梯。

　　(3)字序：我還會想到去大新店游泳池的溜ㄏㄨㄚˊ梯。

　　(4)文意能力偏低，且其造句作文能力亦相當不足。

(二)應用：教學（教材與教法）、輔導（課程與策略）等

1. 小明的作文中只使用三個注音符號字，占 2.5 ％，惟ㄌㄧㄡ、ㄏㄨㄚˊ梯和ㄋㄜ了這三個字均在五年級的字彙中，因此，仍需要注意

其字（詞）彙的建立。

2.小明的用字替代及錯別字替代上錯誤的比率相當高，占 58.78 ％，有探究其原因的必要，例如小明有無注意力問題；亦可經由晤談，以了解其用字替代及錯別字替代錯誤的成因。在書寫語文補救教學上，宜加強字（詞）彙的認識與使用。

3.標點符號的省略錯誤占 23.30 ％，以五年級男生而言，在書寫語文補救教學上，仍須重視標點符號的認識與使用。惟可先測試小明對標點符號的意義與用法的認識程度。

4.小明的文意屬於正常，但偏低。從其作文作品分析，小明有自我中心思考的傾向，並有停滯在具體—想像層次的現象。因此，仍然需要強化其文意能力的教學，例如增加閱讀機會以及思路策略訓練等。

5.造句與作文能力亟需書寫語文補救教學，教師可施以寫作歷程教學或寫作認知策略教學等書寫語文補救教學。

(三)國小五年級男生的作文樣本

如果我在公園我會想去打藍球或是打躲避球還有騎腳月杏車。
如果我在小游泳池裡玩我會想到去海邊玩水和沙。
如果我在小游泳池裡玩我還會想到去大新店游泳池的溜水梯。
如果我在鑽地洞我還會想到我們全家去海邊表哥他們在沙子裡ㄨ了
一個大地洞叫糖哥下去看下面有多生了能。

二、書寫語文學習障礙學生教學活動設計實例

　　小明的造句商數是 90.74，T 分數是 30，屬於需要接受書寫語文能力補救教學的程度。而文意得分是 5 分，其程度雖屬正常，但偏低，宜注意輔導。從其作文作品分析，小明有自我中心思考的傾向，並有停滯在具體—想像層次的現象。因此，仍然需要強化其文意能力的教學，例如增加閱讀機會以及思路策略訓練等。由於小明是小學五年級的學生，在普通班級中必有作文的學習活動。茲建議級任教師施行前文所述的寫作歷程教學、寫作認知策略教學或寫作指導法的作文教學，藉以協助小明順利地作文。

課程名稱：童詩創作作文教學——詩情畫意木棉樹
教學對象：台北市國小五年級書寫語文學習障礙學生
教學時間：80 分鐘
教學活動：
準備活動
1. 引起動機：
　(1)台北市的街道樹現在正在開著什麼花？學生自由發言，教師示範板書學生的發言重點。
　(2)台北市的仁愛路、羅斯福路的街道樹現在正在開著什麼花？學生自由發言，教師板書學生的發言要點。教師整理出本問題的主要答案是木棉花。
2. 決定目的：
　教師提出下列問題，引導學生自由發言與團體討論；教師並板書

學生的發言要點，或指導學生記錄同學的發言內容，或同時進行。

(1)小朋友第一次看到木棉花是在什麼地方？

(2)小朋友第一次看到木棉花是在什麼時候？

(3)小朋友第一次看到木棉花有什麼感覺？

(4)教師引導學生就下列主題自由發言與團體討論：

　A.木棉花的顏色。

　B.木棉花與木棉樹的形狀。

　C.木棉樹一年四季的情形。

　D.看到木棉花與木棉樹時心中的感想：詩情、畫意、歌唱、舞蹈或啟示？

發展活動

1. 新詩討論：教師以投影機在銀幕上展示「木棉樹」的新詩作品，引導學生自由發言與團體討論，並指導學生記錄同學的發言要點。

2. 新詩賞析：進行新詩賞析，並指導學生記錄要點。

3. 新詩創作：教師發給學生「詩情畫意木棉樹」或「春城無處不飛花」的學習單，鼓勵學生新詩創作（含插畫）。新詩創作原則上以「木棉樹」為主題，但教師容許學生自由選擇。學生的新詩創作以文字稿為原則，但學生也可以選擇電腦作詩與插畫，或錄音帶（有聲書）作詩等方式完成學習單。

綜合活動

　學生的新詩作品賞析：當學生完成「詩情畫意木棉樹」或「春城無處不飛花」的學習單，教師鼓勵學生跟同學們分享其新詩創作。

[第八章]
結　論

❖❖❖❖❖❖❖❖❖❖❖❖❖❖❖❖❖❖❖❖❖❖❖❖❖

第一節　國內外書寫語文學習障礙的相關研究

　　雖然，我國社會與文化數千年來相當重視書寫語文能力，但是時至今日我國有關書寫語文的研究依然較為人所忽略。當前，我國在語文方面的研究，有關閱讀的研究（郭為藩，民 67；鄭昭明，民 67；劉英茂、陳家麟，民 69；鄭昭明，民 70；謝娜敏，民 71；林宜平，民 72；蘇淑貞、宋維村、徐澄清，民 73；吳永怡，民 74；連韻文，民 74；陳永德，民 74；陳美芳，民 74；柯華葳、尹玫君，民 76；徐澄清、宋維村、張素鳳、陳純誠、蘇淑貞、邱高生，民 76；黃貞子、傅賢，民 77；曾世杰，民 77；林俊銘，民 79；林國花，民 79；胥彥華，民 79；林清山、蘇宜芬，民 80；曾陳密桃，民 80；藍慧君，民 80；王瓊珠，民 81；柯華葳，民 81；柯華葳、陳俊文，民 81；郭靜姿，民 81；曹峰銘，民 81；林秀玲，民 83；曾志朗、洪蘭、張稚美，民 82；張瑛招，民 83；詹文宏，民 84；劉玲吟，民 83；鄭涵元，民 83；朱經明，民 84；林玟慧，民 84；莊妙芬、胡永崇，民 84；黃秀霜，民 84；詹文宏，民 84；邱上真、洪碧霞，民 86；張蓓莉，民 80；溫詩麗，民 85；吳金花，民 86；柯華葳、李俊仁，民 86）多於書寫語文的研究（王萬清，民 71；王淑棉、蔡敏惠，民 76；李曼曲，民 91；孫麗翎，民 76；陳英豪、吳裕益、王萬清，民 77；簡楚瑛、王萬清，民 77；劉信雄，民 78；張勝成，民 79；趙曉薇、連書平、李淑娥，民 81；林建平，民 73；洪金英，民 82；張新仁，民 82；蔡淑桂，民 82；陳玉英，民 83；宋海蘭，民 84；曾世杰，民 85；施錚懿，

民 86；楊坤堂，民 86；Yang, 1990）。美國的閱讀語文能力研究
（Harris & Sipay, 1985；Bond, Tinker, Wasson, & Wasson, 1994; Ad-
ams, 1996; Crawley & Merritt, 1996; Cheek, Jr., Flippo, & Lindsey,
1977）亦多於書寫語文能力的研究（Phelps-Gunn & Phelps-Teraski,
1982; Bender, 1995; Daniel, Fauske, Galeno, & Mael, 2001）。有關國
內外書寫語文研究的部分文獻資料請參閱本書第三章與第四章。

　　我國有關國小兒童書寫語文能力的研究偏重於字詞的理論探
討（Tang, 1982；國立編譯館，民 56；台灣省國民學校教師研習
會，民 74）和語文教學方法（吳正吉，民 72；林建平，民 73；杜
淑貞，民 75；李麗霞，民 76；高令秋，民 76；陳正治，民 77；
林建平，民 78；蔡銘津，民 80；蔡淑桂，民 82；陳鳳如，民 82；
郭生玉、陳鳳如，民 84；劉瑩，民 84；蔡雅泰，民 84；蔡銘津，
民 80；羅秋昭，民 85；孟瑛如，民 88；Chao, 1988; Chen, 1988;
Chen, Chien, & Wang, 1988; Lee, 1987; Lin, 1989; Wang, 1988; Wu,
1988）等研究。Chi（1989）、Hsu（1988）和 Ko（1985）研究一
般兒童的寫字錯別字的問題，而 Su、Soong、Hsu（1984）則研究
閱讀障礙兒童的錯別字。惟有關國小兒童書寫語文能力作文產品
（productivity）、語法（syntax），和文意層次（level of abstrac-
tion）的研究，國內較為欠缺（張新仁，民 82；施錚懿，民 86），
而國外的研究則相當普遍。國外有關國小兒童書寫語文能力作文
數量的研究計有：Minner、Parter、Sullivan 和 Gwaltney（1989），
Myklebust（1965），Tuana（1971），Poteet（1978），Allred
（1984），Angiuli（1985），Johnson 和 Grant（1989），Herbert
和 Czerniejewski（1976），Johnson 和 Blalock（1987）等研究。研
究國小兒童書寫語文能力的語法能力計有：Golub 和 Kidder

（1974），Hunt（1965, 1970），Klecan-Aker（1985），Loban（1976），Crowhurst 和 Piche（1979），Miller（1985），Angiuli（1985），Myklebust（1965），Morris（1979），Morris 和 Crump（1982），Chatterjee（1984），Poteet（1978），Allred（1984），Johnson 和 Grant（1989）等研究。研究國小兒童書寫語文能力的文意部分計有：Gundlach（1982），Myklebust（1965），Goldstein（1948），Hinsie 和 Campbell（1960）、Oleron（1953），Burnely（1982），Johnson 和 Blalock（1987）等研究。此外，國外研究國小兒童書寫語文能力的字彙如下：Chatterjee（1984），Hall（1981），Morris（1979），Moran（1980），Ganschow（1984），Gleitmen 和 Landau（1994）等。國內國小兒童書寫語文能力字彙的研究則有：Chen（1988），Wang（1988），教育部（民 70），國立編譯館（民 56），國立政治大學（民 71），Ko et al.（1987），柯華葳和陳俊文（民 81），張新仁（民 82），施錚懿（民 86）等。

文獻探討顯示，英文書寫語文體系中，只有少數測驗工具可用來評量書寫語文能力；而在中文體系中書寫語文的測驗工具亦相當不足。美國目前廣被採用的書寫語文能力標準化診斷測驗主要有三種：*1.* The Picture Story Language Test（Myklebust , 1965），*2.* The Test of Written Language（Hammill & Larsen, 1988），*3.* The Diagnostic Evaluation of Writing Skills（Weiner, 1980）。我國現有兒童寫作能力測驗（陳英豪、吳裕益、王萬清，民 77）、國小作文能力測驗（葉靖雲，民 87）、國小兒童書寫語文測驗（林寶貴、錡寶香，民 89），以及國小兒童書寫語文能力診斷測驗（楊坤堂、李水源、張世彗、吳純純，民 91）等書寫語文標準化測驗工具。

　　感謝行政院國家科學委員會專案研究的資助，筆者曾於民國八十六年參考國內外有關書寫語文能力的研究結果，以 The Picture Story Language Test（Myklebust, 1965）取得研究對象的自發性作文樣本一〇四八篇，用以分析書寫語文的作文產品（字數與句數）、語法（或造句）、文意層次、字彙、寫字錯別字錯誤類型、句型和國字—注音符號字比率等語文層面，藉以檢驗台灣地區國民小學一、三、五年級一般學童與國語學習障礙兒童的書寫語文能力的發展特徵與錯誤類型。請參閱本書第四章與第五章。

　　比較起來，國外學者對兒童書寫語文能力的研究頗為普遍，而國內有關書寫語文的研究則有待加強。早在一九八二年，Temple、Nathan、Burris 與 Temple 即出版 *The Beginnings of Writing* 一書，主要在探究兒童的早期書寫、拼字與作文的語文行為，包括書寫體系的組織與類型、早期書寫的先兆（precursors）、早期書寫的特徵、原則與目的、早期拼字的學習過程與發展階段、早期作文的歷程、功能與形式：含自我、讀者、目的和文體作法（rhetorical mode）。文體作法涵蓋敘述文（expression）、描寫文（description）、說明文（exposition）、論說文（argumentation）和故事（story）五種作文的形式，以及產生上述五種作文形式的三種文體作法：敘述（the expressive）、記錄（the transactional）和詩作（the poetic）。Temple、Nathan、Burris 與 Temple 並建議早期書寫、拼字與作文的教學策略等。

　　Trisha Phelps-Gunn 與 Diana Phelps-Teraski 亦在一九八二年出版 *Written Language Instruction: Theory and Remediation*。Phelps-Gunn 與 Phelps-Teraski 根據其多年的書寫語文學習障礙學生教學的研究和文獻探討，而研發一套全寫作過程模式（the total writing process model）的書寫語文教學模式。Phelps-Gunn 與 Phelps-Teraski（1982）指出，全寫作過程模式涵蓋下列四項範疇或成分：1.寫作行為的產生與形成（generation and elaboration of the writing act）、2.注意讀者與文體（attention to audience and mode）、3.校對（proof reading）與辨識錯誤（error recognition）以及4.動機補救（motivational remediation）。

1. 寫作行為的產生與形成

全寫作過程模式的第一項成分是寫作行為的產生與形成。Phelps-Gunn 與 Phelps-Teraski 主張，語文障礙的補救方案應具有語言學的理論與技術，因此，介紹下列語言學導向的寫作語言需求五方案（five programs: linguistic needs in writing），包括 the Fitzgerald Key program（Fitzgerald, 1966）、the Sentences and Other Systems program（Blackwell, Engen, Fischgrund, & Zarcadoolas, 1978）、the Myklebust System of Analyzing Language（Johnson & Myklebust, 1967）、the Phelps Sentence Guide program（Phelps-Teraski & Phelps, 1980），以及 Sentence Combining（係建基於 Chomsky 一九五七年的 transformational-generative grammar 理論上）。

2. 注意讀者與文體

全寫作過程模式的第二項成分是寫作者的讀者感與寫作文體能力的認知過程和發展；寫作文體教學主要在訓練學生習得敘述文（narration）、描寫文（description）、說明文（exposition）、論說文（argumentation）四種文體的寫作覺知與能力。

3. 校對與辨識錯誤

全寫作過程模式的第三項成分是校對與辨識錯誤；教師實施傳統文法教學法（重視文法教學與語文分析）以及行為法，像

Smith（1976）的標準成就紀錄系統（The Standard Achievement Recording System）以及寫作作品工作分析（task analysis of writing），其教學的主要目標在訓練學生校對與辨識自己文章的錯誤，諸如文法、錯別字和標點符號等。

4.動機補救

全寫作過程模式的第四項成分是動機補救；Phelps-Gunn 與 Phelps-Teraski 以寫作動機代替寫作技巧的發展，認為寫作障礙乃屬於學生的意識行動（conscious act），而非學生寫作技巧的不足（skill deficiencies），換言之，教師不僅補救學生的寫作能力，更要補救學生的寫作意願。動機補救的主要方法是(1)特定的課程計畫（specific curricular lesson plans）：諸如 Letter-Writing Unit（Hagemann, 1980）、A Multitext Approach（Egan & O'shea, 1979）、A Brainstorming Period（Schwartz, 1979），和 "Constant-pace" Remediation（Bernstein, 1977）；(2)創思作文（creative writing）（Britton, 1970; Emig, 1971; Wiseman, 1979）；(3) The Bay Area Writing Project（Gonder, 1979）；以及(4) Houston-Harris County Writing Project（Verner & Bauer, 1980）。

第二節　學習障礙主要學派有關書寫語文學習障礙的教學理論與技術

學習障礙主要學派計有知覺—動作論、感官並用論、語文發展與障礙論、神經組織論、方案發展論，以及認知心理論等（許天威，民 76；楊坤堂，民 84；Hallahan & Cruickshank, 1973; Lerner,

2000; Myers & Hammill, 1969）。知覺—動作論的理論與技術（Bar-sch, 1965; Getman, 1965；Kephart, 1971）可應用於寫字技巧基本能力訓練上，而感官並用論學者Gillingham-Stillman的拼音與拼寫並用法（simultaneous oral spelling）（Gillingham, 1970），以及Grace Fernald（1943）的多重感官教學法或視聽動觸並用教學法，可應用於寫字教學上。有關認知心理論的寫字和作文教學策略請參閱本書第六章第六節的寫作認知策略教學以及第五節的寫作歷程教學。學習障礙學者Johnson與Myklebust的研究建基於知覺—動作論、語文發展與障礙論、神經組織論與方案發展論等學域上，於一九六七年發表學習障礙專書：*Learning Disabilities—Educational Principles and Practices*，以一章（第六章）的篇幅介紹一系列的書寫語文學習障礙的教學理論與技術。其主要內容在論述書寫語文及其障礙的定義、特徵、成因、類型、診斷與教學策略等。而在教學策略上，Johnson 與 Myklebust（1967）主張臨床觀察與診斷、成因鑑定和發現，以及問題詳細描述的必需性與重要性；並分別對書寫語文障礙學生相關的語文問題提出教學策略的建議，包括：

1. **寫字先備技巧（Pre-writing skills）的教學**：諸如寫字的握筆、放紙位置與寫字姿勢訓練等。有關其寫字教學的理論和技術請參閱本書第六章第三節。

2. **視覺區別能力障礙與非語文視覺動作障礙學生的寫字教學**：包括仿畫圖形、字母與數字書寫、寫字空間結構、擦拭與改正錯別字教學等。

3. **視覺再生能力缺陷（deficits in revisualization）的教學**：包含其教學程序與方法。

4. 構句與語法障礙（disorders of formulation and syntax）的教學：
其教學方法計有錯誤覺識（awareness of errors）訓練、文思與
作文產品（ideation and productivity）、文意層次（concrete to
abstract ideas）、標點符號以及拼字教學等。此外，教師對有
嚴重性寫字與作文障礙的學生可施以打字教學，並適當地實
施作業修正法，包括作業的質與量、作業的時間與方式等。

第三節　結語

前文指出，書寫語文係指在社會與生活情境中使用一種文法
規則（Basso, 1974），以社會約定的書寫（或視覺）符號來表達
思想的一種行為（Temple, Nathan, Burris, & Temple, 1988），或記
錄與傳遞訊息的一種體系（Adams, 1996）。書寫語文係連結與統
整先前聽、說、讀的學習與經驗，發展而成的最高難度與最複雜
性的語文系統；從語文發展的序列而言，雖然兒童甚至在學習閱
讀之前即有書寫的行為，但典型上書寫語文仍是兒童最後習得的
語文能力（Lerner, 2000）。易言之，書寫語文能力係屬聽語、說
話、閱讀能力與思考技巧應用的極致（Smith, 1991）。適當的書
寫語文能力是兒童學業、社會與生活各方面成功的重要因素之一
（Morris & Crump, 1982），亦是兒童證明其學習成就的最主要方
式（Smith, 1991）。許多學習障礙學生顯現書寫語文障礙的現象
（Barenbaum, Newcomer, & Nodine, 1987），在書寫語文的習得與
使用上有著顯著的困難，一般早在學前教育及小學一年級階段的
早期書寫語文作業上，即顯現其仿畫、抄寫與寫字等書寫語文的

學習問題（Bender, 1995）。書寫語文障礙學生的主要特徵是欠缺書寫相關能力、書寫語文溝通困難、寫字基本錯誤（mechanical errors）、語句構成的文法錯誤、書寫語文作品的文章短小、組織架構不佳以及文思不足等（Lerner, 2000）。因此，對書寫語文障礙的學生而言，書寫是一種工作量繁重、進度緩慢而又錯誤百出的作業。兒童的書寫語文障礙乃是其高度挫折性的學習經驗和最大的學習困難（Smith, 1991），而其書寫語文溝通困難可能持續至成年，而影響其成年的職業與生活（Adelman & Vogel, 1991；Ysseldyke & Algozzine, 1995）。

　　書寫語文障礙的成因計有視—知覺觀（visual perceptual perspective）、技巧欠缺或行為觀（skill-deficit or behavior perspective）（Bender, 1995）、語文學習與發展觀、認知策略觀、書寫語文技巧教學不當（Cegelka & Berdine, 1995）以及社會互動觀：例如寫作讀者感（Phelps-Gunn & Phelps-Teraski, 1982）或溝通勝任能力不足（communicative competence）（Gleason, 1985）等。具體而言，兒童的書寫語文障礙與兒童本身的注意力、知覺問題、記憶力、語文問題、動作能力、抄寫能力、思考、問題解決以及社會互動等問題有關（Bender, 1995; Lerner, 2000；Kirk, Gallagher, & Anastasiow, 2000; Morris & Crump, 1982; Myklebust,1965; Myklebust & Johnson, 1967; Phelps-Gunn & Phelps-Teraski, 1982; Smith, 1991; Ysseldyke & Algozzine, 1995）。兒童由於語文學習序列的障礙、末梢神經系統的不健全、中樞神經系統的損傷或功能失常、情緒障礙或欠缺學習機會等因素，產生書寫語文障礙，而可能導致寫作技巧落後六至八歲（Lundsteen, 1976）。

　　前文指出，書寫語文教學涵蓋寫字與寫作（或作文）兩大部

分，因此，書寫語文學習障礙學生的教學亦包含寫字教學和寫作（或作文）教學兩大類。在寫作（或作文）教學方面，目前的教學理論與技術從傳統的產品導向轉移到現今的過程導向教學（Graham & Harris, 1997; Graves, 1994）。

1. **產品導向作文教學**：強調學生的作文產品，聚焦於寫作的基本技巧（mechanical skills）的教學，經由紙筆練習，以改善學生正確造句和寫短文的能力（Cegelka & Berdine, 1995）。傳統的作文教學有兩種主要方法：自由寫作法和寫作指導法。

2. **過程導向作文教學**：強調作文的整個歷程，特別是寫作時的思想歷程，包括寫作前的準備，組織作文時的自我對話，與他人的雙向溝通，同學間的討論，師生間的討論、修正和校訂，以及發表作品的寫作教學法（Cegelka & Berdine, 1995）。Lerner（2000）建議融合作文產品導向教學法和作文過程導向教學法，實施作文、拼字和寫字三種書寫語文能力的教學策略。

　　從臨床診斷與療育的觀點而論，書寫語文障礙的成因和類型決定書寫語文障礙的處遇。前文指出，Johnson 和 Myklebust（1967）認為，書寫語文的四項基本先備能力（basic prerequisites）是：聽覺過程（processing）、視覺過程、動作（motor）技巧和內在語言。基於此， Johnson 和 Myklebust（1967）依據書寫語文障礙的成因，將書寫語文障礙分成兩種基本類型：一是其他基層語文（含內在語言、聽、說或讀能力）的障礙所導致的書寫語文障礙，一是「純粹」書寫語文障礙，諸如寫字困難症（dysgraphia），視覺再生能力問題（revisualization problems）、語法障礙和溝通障礙等兩種基本類型，而提出下列三類型的書寫語文障礙學生臨床

教學方法：寫字困難症學生的書寫基礎或基本能力訓練、視覺再生能力缺陷（deficit in revisualization），與語句組合或語法能力障礙（disorders of formulation and syntax）的教學策略。

　　書寫語文教學主要有轉銜或傳統模式（transmission or traditional model）、結構模式（constructivist model）（Au, 1993; Vygotsky, 1978; Bigge, Stump, Spagna, & Silberman, 1999）和全語文法（whole language approach）（Graves, 1994）、平衡法（balanced approach）（Bigge, Stump, Spagna, & Silberman, 1999）以及融入教學法（Lerner, 2000）等。

1. **轉銜或傳統模式**（transmission or traditional model）：將語文技巧單獨化和序列化，並分別教學生從單字、詞、句子到文章等循序地學習閱讀與書寫語文。

2. **結構模式**（constructivist model）（Au, 1993; Vygotsky, 1978; Bigge, Stump, Spagna, & Silberman, 1999）和全語文法（whole language approach）（Graves, 1994）：強調在真實情境中教學語文技巧，重視寫作的內容，以及寫作過程中的社會互動角色與對話。

3. **平衡法**（balanced approach）（Bigge, Stump, Spagna, & Silberman, 1999）：平衡法係指統整技巧本位教學法（轉銜或傳統模式）和全語文教學法的折衷教學法或混合教學法。

4. **融入教學法**（Lerner, 2000）：融入各種課程實施書寫語文教學是目前盛行的書寫語文教學信念，教師在各種學科的教學活動中鼓勵學生的書學語文行為，並非只在書學語文的課堂上才進行書寫語文教學。

　　特殊教育學生的課程與教學，無論是語文或是數學，均強調

彈性和適性，其中係以彈性的方式達成適性的目標，而彈性及適性皆以個別化教學為其依歸。臨床教學（Clinical Teaching）（Johnson & Myklebust, 1967; Lerner, 2003）乃是個別化教學的典型教學模式之一，其主要教學步驟是先診斷，再教學，而在教學過程中，診斷和教學則是相輔相成的（請參閱《學習障礙導論》，楊坤堂，民 92）。關於書寫語文學習障礙學生書寫語文的臨床教學，筆者建議教師先對學生實施書寫語文測驗，諸如國小兒童書寫語文能力診斷測驗（楊坤堂、李水源、張世彗、吳純純，民 91）或國小學童書寫語言測驗（林寶貴、錡寶香，民 89），再依據診斷結果設計課程與實施教學。

　　本書係筆者依據國內外書寫語文學習障礙的相關文獻以及台北市國小資源班書寫語文學習障礙學生臨床教學的實務經驗而撰寫，其主要內容包含書寫語文學習障礙的學理、實證研究以及臨床診斷和教學實務等，計有語文發展與書寫語文（第一章）、書寫語文學習障礙的定義、特徵、成因與類型等基本概念（第二章）、書寫語文能力與障礙的研究（第三章）、國小書寫語文能力的特徵及其發展類型與錯誤類型的研究（第四章）、評量與診斷（第五章）、書寫語文學習障礙的教學模式與策略（第六章）、書寫語文學習障礙的診斷報告和教學活動設計實例（第七章），以及國內外書寫語文學習障礙的相關研究，和學習障礙主要學派有關書寫語文學習障礙的教學理論與技術（第八章）等。

　　筆者一向認為特殊教育學生的教學與輔導應採行臨床法，本書的架構亦建基於強調量身訂做的臨床教學上。基本上，本書與《國小兒童書寫語文能力診斷測驗》（再版）係屬同一系列的資訊，國小兒童書寫語文能力診斷測驗是量身：診斷，而本書則是

訂做：教學策略。對一般教師而言，正確的認識學生先於真情的接納學生，而真情的接納學生又先於有效的協助學生。從臨床教學的學理與技術而言，基本概念的認識先於正確的診斷，而正確的診斷又先於有效的療育。本書第一、二、四與五章乃是基本概念的認識，第三章屬於正確的診斷，第六章乃是有效的療育，而第七章則是實踐臨床教學的一些實例。本書的主要目的在提供特殊教育教師實施書寫語文學習障礙學生書寫語文教學的參考資料，希望本書在書寫語文教學上具有實用的價值，並虔敬地祈望讀者的不吝指正。

　　筆者綜合國內外文獻研究以及台北市國小身心障礙資源班學習障礙學生書寫語文教學的教材教法，在本書第六章建議書寫語文學習障礙學生書寫語文教學流程與方法（圖 8-1），包含 1.建立書寫語文學習環境，2.培養書寫語文先備知識，3.書寫基本能力（或機制）（mechanics）訓練，4.寫作歷程教學，5.寫作技巧教學，6.寫作認知策略教學以及 7.溝通與發表等七種層面及其教學措施。筆者希望特殊教育教師在資源班實施書寫語文學習障礙學生臨床教學時，能參考使用，亦期望普通班教師也能應用於一般學生的書寫語文教學上，甚或家長運用在家庭生活親子書寫語文學習活動中。筆者相信本書第六章的書寫語文教學模式與策略，能協助學生體會書寫語文技巧的有用和有趣，享受書寫語文的樂趣與效益。

建立書寫語文學習環境：一、建立安全的書寫語文學習環境。二、創造學習書寫語文的機會。三、增進學生寫作的動機與興趣。四、提供學生寫作的成功經驗。

實施書寫語文教學

書寫語文先備知識的培養

一、含義
(一)學生的生活經驗與閱讀成就
(二)學生已習得的書寫語文能力

二、策略
(一)寫作指導教學法
(二)讀寫並行教學
(三)生活化、功能性與娛樂性作文教學活動
(四)語言經驗法
(五)基模建立法
(六)提供學生書寫語文的學習經驗
(七)寫作先備技巧教學

書寫基本能力（機制）教學

一、目標
(一)正確的握筆與運筆技巧
(二)寫字的坐姿
(三)放紙的位置
(四)雙手的位置與動作、筆畫
(五)正確、容易、快速與清楚的書寫

二、策略
(一)能建立寫字的動機與學習策略的教學方式
(二)創意與變通的寫字教學法
(三)電腦科技輔具寫字教學法
(四)系統化教學與直接教學法
(五)多重感官教學法
(六)全字形教學法或字詞分析教學法

三、三步驟寫字教學法
(一)成因檢查
(二)視覺與運動知覺動作能力訓練
(三)書寫基本能力訓練

寫作技巧教學

一、寫作的教學策略
(一)創造寫作社區的教學策略
　1.作家椅子　2.同儕討論　3.教師討論　4.強調寫作的冒險行為　5.出版或發表
(二)各種寫作教學策略
　1.筆談　2.私人日誌　3.類型寫作　4.分享寫作教學法
　5.纖網策略寫作教學法　6.寫作框架法　7.對話日誌法
(三)使用電腦文書處理進行寫作教學

二、寫作的認知策略教學
(一)思考作業單　(二)自我規範策略發展　(三) TREE 策略
(四) PLANS 策略　(五) POWER 策略　(六)自我監控檢核表
(七) SLOW Caps 記憶策略　(八)比較和對照論說文計畫表
(九)五段落論說文圖解決法　(十) COPS 策略教學法

三、寫作歷程教學
(一)寫作前時期　(二)草稿時期　(三)編輯與修改時期

寫作應用教學：溝通與發表

一、寫作教學過程中的相關學習活動
二、寫作作品的發表

圖 8-1　書寫語文學習障礙學生書寫語文教學流程與方法（楊坤堂，民 92）

參考文獻

一、中文部分

王淑棉、蔡敏惠（民 76）。中度智能不足兒童國字筆畫發展研究。特殊教育季刊，第 25 期，頁 28-31。

王萬清（民 71）。國小兒童之「人物」、「場景」寫作能力發展研究。台灣省教育廳。

王萬清（民 77）。創造性閱讀與寫作教學。高雄：復文圖書出版社。

王瓊珠（民 81）。國小六年級閱讀障礙兒童與普通兒童閱讀認知能力之比較研究。國立台灣師範大學特殊教育研究所碩士論文。

台灣省國民教師研習會（民 76）。國民小學常用字及生字難度研究──低年級。台北板橋。

朱經明（民 84）。閱讀障礙與電腦輔助教學。特殊教育與復健學報，第 4 期，頁 153-161。

李曼曲（民 91）。台北市國小四年級普通學生與學習障礙學生寫作能力之分析研究。台北市立師範學院身心障礙教育研究所碩士論文。

李麗霞（民 76）。看圖作文教學法與創造性主動教學法對國小學童早期作文能力發展之影響。七十六年國小課程研究學術研討。

吳正吉（民 72）。怎樣寫好作文。台北：文津出版社。

吳永怡（民 74）。智能不足兒童國語構音缺陷之調查研究。台灣省立台東師專。

吳錦議、蔡長盛、李文珍（民 77）。國民小學學生硬筆字書寫研究。新竹：新竹師院。

宋海蘭（民 84）。幼兒認字教學活動設計。創造思考教育，第 7 期，頁 37-39。

杜淑貞（民 75）。國小作文教學探究。台北：台灣學生書局。

邱上真、洪碧霞（民 86）。國語文低成就學生閱讀表現之追蹤研究（II）─國民小學國語文低成就學童篩選工具系列發展之研究。行政院國家科學委員會專題研究計畫成果報告（NSC 86-2413-H017-002-F5）。台北，台灣：行政院國家科學委員會。

林幸台、吳武典、吳鐵雄、楊坤堂（民 81）。學習行為檢核表（測驗工具）。國立台灣師範大學特殊教育系所印行。

周台傑、林國花（民 80）。國小閱讀障礙兒童成就與能力差距鑑定方式之研究。特殊教育學報，第 6 期，頁 285-320。

孟瑛如（民 88）。資源教室方案──班級經營與補救方案。台北：五南圖書出版公司。

林千惠（民 90a）。國小低年級學童書寫問題之診斷研究。國科會專題研究印刷成果報告。

林千惠（民 90b）。重視國小學童的書寫問題。國小特殊教育，第 31 期，頁 30-35。

林秀玲（民 83）。輕度智能不足兒童注音符號補救教學效果之研究。國立彰化師大特研所未發表之碩士論文。

林宜平（民 72）。**漢字形、音、義的比對：一個語音轉錄的字彙觸接模式**。國立台灣大學心理學研究所碩士論文。

林玟慧（民 84）。**閱讀理解策略教學對國中閱讀障礙學生閱讀效果之研究**。

林俊銘（民 79）。閱讀障礙。**特殊教育季刊**，第 30 期，頁 17-25。

林建平（民 73）。**作文和繪畫創作性教學方案對國小四年級學生創造力之影響**。國立台灣師範大學輔導研究所。

林建平（民 78）。**創意的寫作教室**。台北：心理出版社。

林美和（民 70）。**學習障礙兒童的心理與教育**。台北市：台灣省立台北師範專科學校。

林國花（民 79）。**國小閱讀障礙兒童成就與能力差距鑑定方式之研究**。彰化師大特教研究所碩士論文。

林清山、蘇宜芬（民 80）。**後設認知訓練課程對國小六年級低閱讀能力學生的後設認知能力與閱讀理解能力之影響**。台北：國立台灣師大心輔系。

林麗英（民 74）。大腦受傷者的書寫障礙。**聽語會刊**，第 2 期，頁 45-49。

林寶貴、黃瑞珍（民 88）。國小兒童書寫語言評量指標研究。**特殊教育研究學刊**，第 17 期，頁 163-188。

林寶貴、錡寶香（民 89）。**國小學童書寫語言測驗**。國立台灣師範大學特殊教育學系。

施錚懿（民 86）。**國小六年級寫作學習障礙與普通學生在故事與說明文寫作成果之比較**。國立彰化師範大學特殊教育研究所未出版之碩士論文。

柯華葳（民 74）。**國民小學常用字及生字難度研究：低年級**。板

　　橋市：台灣省國民學校教師研習會。

柯華葳（民 81）。**兒童對生字的處理**。第三屆世界華語文教學研討會，台北。

柯華葳、尹玫君（民 76）。**國民小學常用字及生字難度研究（低年級）**。台灣省國民學校教師研習會。

柯華葳、李俊仁（民 86）。國小低年級學生語音覺識能力與識字能力的發展：一個縱貫的研究。**國立中正大學學報**，第 7 卷第 1 期，頁 64。

柯華葳、陳俊文（民 81）。小學生說話與作文產品之比較。**國立中正大學學報**，第 3 卷第 1 期，頁 27-46。

洪金英（民 82）。**文章結構的提示與主題知識對兒童說明文寫作表現的影響**。國立政治大學教育研究所未出版之碩士論文。

胥彥華（民 79）。**學習策略對國小六年級學生閱讀效果之研究**。彰化師大特研所。

胡永崇（民 84）。**後設認知教學策略對國小閱讀障礙學童閱讀理解成效之研究**。國立彰化師範大學特殊教育研究所未出版之博士論文。

孫麗翎（民 76）。**國小兒童作文常犯錯誤分析研究**。國立政治大學教育研究所未出版之碩士論文。

徐澄清、宋維村、張素鳳、陳純誠、蘇淑貞、邱高生（民 76）。兒童閱讀成就相關因素之研究。**中華精神醫學**，第 1 卷第 3 期，頁 189-196。

高令秋（民 85）。**歷程導向寫作教學法對國中聽覺障礙學生寫作能力影響之研究**。國立台灣師範大學特殊教育研究所未出版之碩士論文。

許天威（民75）。學習障礙者之教育。台北：五南圖書出版公司。

張勝成（民79）。弱視學生閱讀書寫能力的探討。**特殊教育學報**，第5期，頁113-158。

張新仁（民82）。不同寫作能力的國小學童之寫作過程研究。國科會報告。

張瑛珼（民83）。自我發問策略對國小學生閱讀理解與自我發問能力之影響。國立台灣師範大學教育心理輔導研究所碩士論文。

張蓓莉（民80）。認知經驗教學策略對國小聽障學生閱讀能力之影響。國立台灣師範大學特教研究所。

曹峰銘（民81）。詞彙狀態與音節特性在辨識漢語語音過程中的作用。國立中正大學心理研究所未發表之碩士論文。

莊妙芬、胡永崇（民84）。國小閱讀障礙學童後設認知能力之研究。國科會專題研究計畫成果報告。

連韻文（民74）。中文念字歷程的探討：聲旁的語音觸發作用。國立台灣大學心理學研究所碩士論文。

郭生玉、陳鳳如（民84）。整合性過程導向寫作教學法對國小兒童寫作品質及寫作歷程的影響。**師大學報**，第40期，頁1-36。

郭為藩（民67）。我國學童閱讀缺陷問題的初步調查及其檢討。**教育研究集刊**，第20集，頁57-78。

郭靜姿（民81）。**閱讀理解訓練方案對增進高中學生閱讀策略運用與後設認知能力之成效研究**。國立台灣師範大學教育研究所碩士論文。

陳正治（民77）。**童話理論與作品賞析**。台北市立師範學院。

陳永德（民74）。**文章閱讀歷程之探討：高層知識架構的影響**。

國立台灣大學心理學研究所未發表之碩士論文。

陳玉英（民 83）。國小學習障礙兒童國語科錯別字出現率及學習行為調查分析。**國小特殊教育**，第 16 期，頁 29-35。

陳政秀（民 79）。**學前兒童國語句型構造之分析研究**。國立彰化師大特研所未發表之碩士論文。

陳美芳（民 74）。「修定魏氏兒童智力量表」對國小閱讀障礙兒童的診斷功能之探討。**特教研究學刊**，第 1 期，頁 249-276。

陳英豪、吳裕益、王萬清（民 77）。兒童寫作能力測驗編製報告。台南師範學院初教系。

陳英豪、吳裕益、王萬清（民 78）。兒童寫作能力測驗編製報告。**省立台南師範學院初等教育學報**，第 2 期，頁 1-48。

陳鳳如（民 82）。活動式寫作教學法對國小兒童寫作表現與寫作歷程之實驗效果研究。**教育研究資訊**，第 1 卷第 5 期，頁 51-67。

曾世杰（民 77）。**聽覺障礙學生中文字或詞辨識之轉錄研究**。台灣師大特教研究所未發表之碩士論文。

曾世杰（民 85）。閱讀歷程成分分析研究。載於國立台灣師範大學特殊教育學會編，**特殊教育學術研討會手冊**。台北：國立台灣師範大學特殊教育學會。

曾志朗、洪蘭、張稚美（民 82）。閱讀障礙兒童的認知心理基礎。輯於台北教師研習中心主編，**學習障礙與資源教室**。台北：台北市教師研習中心。

曾美惠（民 82）。曾氏寫字問題檢核表之因素效度。**職能治療學會雜誌**，第 11 期，頁 13-27。

曾陳密桃（民 80）。國民中小學生的後設認知及其與閱讀理解之

相關研究。國立政治大學教育研究所博士論文。

程柄森（民 84）。自我調整學習的模式驗證及其教學效果之研究。台灣師大心輔所未發表之博士論文。

黃秀霜（民 84）。台灣兒童早期音韻覺識、視覺技巧與其日後中文認字能力關係之研究。行政院國科會專題研究計畫成果報告。

黃秀霜（民 84）。獲得性閱讀障礙的成因與類別之探析。南師特教簡訊，第 8 期，頁 3-5。

黃貞子、傅賢（民 77）。閱讀障礙補救教學及教學教具介紹。特殊教育季刊，第 28 期，頁 39-45。

黃瑞琴（民 83）。幼兒的語文經驗（初版二刷）。台北：五南圖書出版公司。

楊坤堂（民 84）。學習障礙兒童。台北：五南圖書出版公司。

楊坤堂（民 85）。學習障礙定義、特徵、成因、診斷與處遇方法之研究。輯於中華民國特殊教育學會主編，特殊學生的學習與轉銜。頁 1-26。

楊坤堂（民 86）。我國國民小學一、三、五年級一般兒童與學習障礙兒童書寫語文能力之研究。國科會專案研究計畫成果報告，計畫編號 NSC86-2413-H-133-004。

楊坤堂（民 88）。學習障礙教材教法。台北：五南圖書出版公司。

楊坤堂（民 90）。量身訂做——學習障礙與情緒障礙學生的鑑定與診斷。國小特殊教育，第 32 期，頁 5-13。

楊坤堂（民 91a）。我國國民小學一、三、五年級一般兒童與國語學習障礙兒童書寫語文能力之研究。台北市立師範學院學報，第 33 期，頁 71-94。

楊坤堂（民 91b）。書寫語文學習障礙學生的教學策略。輯於特殊教育師資研習叢書四：超越與開展，頁 41-80。

楊坤堂（民 91c）。書寫語文學習障礙學生的補救教學（上）。台北市立師範學院特殊教育學刊，第 33 期：國小特殊教育，頁 1-8。

楊坤堂（民 91d）。書寫語文學習障礙學生的補救教學（中）。台北市立師範學院特殊教育學刊，第 34 期：國小特殊教育，頁 1-12。

楊坤堂（民 91e）。國小一般學生與國語學習障礙學生書寫語文能力的特徵、發展類型與錯誤類型之研究。輯於特殊教育師資研習叢書四：超越與開展，頁 1-40。

楊坤堂（民 91f）。學習障礙教材教法（再版一刷）。台北：五南圖書出版公司。

楊坤堂（民 92）。書寫語文學習障礙學生：認識與教學。台北市：台北市立師範學院特殊教育中心。

楊坤堂、李水源、吳純純、張世彗（民 89）。國小兒童書寫語文能力診斷測驗編製之研究。台北市立師範學院。教育部特殊教育推行小組委託研究。

楊坤堂、李水源、張世彗、吳純純（民 91）。國小兒童書寫語文能力診斷測驗（二版一刷）。台北：心理出版社。

溫詩麗（民 85）。北市國小閱讀障礙資源班學生認知能力組型之研究。國立台灣師範大學特殊教育研究所未出版之碩士論文。

葉靖雲（民 87）。國小學習障礙學生作文錯誤類型分析及有效教學策略之研究（二）。國科會論文計畫，計畫編號 NSC87-2413-H018-018-F10。

詹文宏（民 84）。後設認知閱讀策略對國小閱讀障礙兒童閱讀理解能力之研究。國立彰化師大特教研究所碩士論文。

趙曉薇、連書平、李淑娥（民 81）。右腦傷書寫問題之探討。聽語學刊，第 8 期，頁 82-88。

劉　瑩（民 84）。創造思考教學對國小五年級學生作文能力之影響。第一屆小學語文課程教材教法國際學術研討會論文集。台東師院。

劉明松（民 86）。有效寫作教學策略之探討。教育資料文摘，第 40 期，頁 138-159。

劉信雄（民 78）。國小視力低弱學生視覺效能、視動完形與國字書寫能力關係之研究。特殊教育研究學刊，第 5 期，頁 133-164。

劉玲吟（民 83）。後設認知策略的教學對國中低閱讀能力學生閱讀效果之研究。國立彰化師範大學特殊教育研究所未出版之碩士論文。

劉英茂、陳家麟（民 69）。國語的拼字法及拼音法和閱讀效率的關係。中華心理學刊，第 22 期，頁 23-28。

劉興漢（民 76）。國小學生學習寫中文字錯誤之分析：個案研究。教育與心理研究，第 10 期，頁 189-198。

蔡淑桂（民 82）。圖表作文教學法對國小學生創造力及作文焦慮之研究。創造思考教育，第 5 期，頁 49-52；第 6 期，頁 22-24。

蔡雅泰（民 84）。國小三年級創造性作文教學實施歷程與結果之分析。國立屏東師範學院初等教育研究所未出版之碩士論文。

蔡銘津（民 80）。寫作過程教學法對國小學童寫作成效之研究。

國立高雄師範大學教育研究所未出版之碩士論文。

鄭昭明（民67）。漢字記憶的語言轉錄與字的回譯。**中華心理學刊**，第20期，頁39-43。

鄭昭明（民70）。漢字認知的歷程。**中華心理學刊**，第23卷第2期，頁137-153。

鄭涵元（民83）。**詞的閱讀學習對國小兒童閱讀理解影響效果之實驗研究**。國立台灣師範大學教育心理與輔導研究所未出版之碩士論文。

錡寶香（民85）。學習障礙學生的後設認知教學。在周台傑、葉靖雲編，**學習障礙有效教學**，頁97-128。國立彰化師範大學特殊教育中心。

謝娜敏（民71）。中文「字」與「詞」的閱讀與語音轉換。國立台灣大學心理學研究所碩士論文。

簡楚瑛、王萬清（民77）。同儕互動對國小學生寫作能力之影響研究。**省立台南師範學院初等教育學系初等教育學報**，第1期，頁143-167。

藍慧君（民80）。**學習障礙兒童與普通兒童閱讀不同結構文章之閱讀理解與理解策略的比較研究**。國立台灣師範大學特研所。

羅秋昭（民85）。**國小語文科教材教法**。台北：五南圖書出版公司。

蘇淑貞、宋維村、徐澄清（民73）：中國閱讀障礙學童之類型及智力測驗。**中華心理學刊**，第26卷第1期，頁41-48。

二、英文部分

Adams, M. J. (1996). *Beginning to read.* Massachusetts, Cambridge: The MIT Press.

Adelman, P. & Vogel, S. (1991). The Learning Disabled Adult. In B. Wong (Ed.), *Learning about learning disabilities* (pp.564-594). San Diego: Academic Press.

Alley, G. & Deshler, D. (1979). *Teaching the learning disabled adolescent : Strategies and methods.* Denver, Colorado: London Press.

Allred, W. G. (1984). *A comparison of syntax in the written expression of learning disabled and normal children.* Dissertation Abstracts International, V45 (05), SECA, PP1319.(University Microfilms No. ADG84-17504)

Altwerger, B., Edelsky, C., & Flores, B. M. (1987). Whole language: What's new? *The Reading Teacher, 40,* 144-154.

Angiuli, R. (1985). *A comparison of 3rd, 4th, and 5th grade students preformance in written language, oral language, and silent reading comprehension.* Dissertation Abstracts International，V46 (12), SECA,PP3678. (University Microfilms No. ADG86-04308, 8606)

American Psychiatric Association. (2004). *Diagnostic and Statistical Manual of Mantel Disorders, Fourth Edition, Revised.* Washington, D.C.: American Psychiatric Association.

Au, K. H. (1993). *Literacy instruction in multicultural settings.* Fort Worth: Hartcourt Brace College Publishers.

Ballard, K. & Glynn, T. (1975). Behavioral self-management in story writing with elementary school children. *Journal of Applied Behavior Analysis, 8,* 387-398.

Barenbaum, E., Newcomer, P., & Nodine, B. (1987). Children's ability to write stories as a function of variation in task, age and developmental age. *Learning Disability Quarterly, 10,* 175-188.

Barsch, R. H. (1965). *A movigenic curriculum.* Madison, Wisc.: State Department of Public Instruction.

Bender, W. N. (1995). *Learning Disabilities: Characterics, Identification, and Teaching Strategies* (2nd ed.). Boston: Allyn and Bacon.

Bereiter, C. & Scardamalia, M. (1982). From conversation to composition: The role of instruction in a developmental process. In R. Glaser (ed.). *Advances instructional psychology* (Vol. 2, pp. 1-64). Hillsdale, NJ: Lawrence Erlbaum & Associates.

Berstein, B. E. (1977). Remedial therapy for the lost art of writing. *English Journal, 1977, 66* (9), 49-51.

Bigge, J. L., Stump, R.K., Spagna, M. E., & Silberman, R. K. (1999). *Curriculum, assessment, and instruction.* New York:Wadsworth Publishing Company.

Blackwell, P. M., Engen, E., Fischgrund, J.E., & Zarcadoolas, C. (1978) *Sentences and other systems: A language and learning curriculum for hearing impaired children.* Washignton, D.C.: The Alexander Graham Bell Association for the Deaf, Inc.

Blandford, B. J. & Lloyd, J. W. (1987). Effects of a self instructional procedure on handwriting. *Journal of Learning Disabilities, 20,*

342-346.

Bond, G. L., Tinker, A. T., Wasson, B. B., & Wasson, J. B. (1994). *Reading difficulties: Their diagnosis and correction* (7th ed). MA. Needham Heights: Allyn and Bacon.

Bos, C. S. (1988). Process oriented writing with mildly handicapped students. *Exceptional Children, 54,* 521-527.

Bos, C. S. & Vaughn, S. (1988). *Strategies for teaching students with learning and behavior problems.* (4th ed.). Boston: Allyn & Bacon.

Barsch, R. H. (1965). *A movigenic curriculum.* Madison, Wisc.: State Department of Public Instruction.

Brand, A. G. (1991). *Constructing tasks for direct writing assessment: A frontier revisited.* ERIC Document Reproduction Service No. ED 340 037.

Brigham, T. A., Graubard, P. S., & Stans, A. (1972). Analysis of the effects of sequential reinforcement contingencies on aspects of composition. *Journal of Applied Bahavior Analysis, 5,* 421-129.

Britton, J. N. (1970). *Language and Learning.* Coral Gables, Fla.: University of Miami Press.

Brown, J. D., Hilgers, T., & Marsella, J. (1991). Essay prompts and topics: Minimizing the effects of main difference. *Written Communication, 8*(4), 533-556.

Bruner, J (1963). *The process of education.* New York: Vintage Books, Knopf, Random House.

Bruner J. (1965). Toward a theory of instruction. Cambridge, Mass.: Harvard University Press.

Brueckner, L. J. & Bond G. L. (1955). *The diagnosis and treatment of learning difficulties.* New York: Appleton Century Crofts.

Calkins, L. M. (1986). *The art of teaching writing.* Portsmouth, NH: Heinemann.

Caplan, D. (1992). *Language: Structure, processing, and disorders.* Massachusetts, Cambridge: The MIT Press.

Cegelka, P. T. & Berdine, W. H. (1995). *Effective instruction for students with learning difficulties.* Boston : Allyn & Bacon.

Chalfant, J. C. (1985). Identifying learning disabled students: A summary of the National Task Force Report. *Learning Disabilities Focus, 1*(1), 2-20.

Chang, J. M. (1989). *Psycholinguistic analysis of oral reading preformance by proficient versus nonproficient Chinese elementary students.* Unpublished doctoral dussertation, University of southern California, Los Angeles, California.

Chang, J. M. & Rueda, R. S. (1989, March). *A Comparison of proficient and nonproficient Chinese elementary reader's oral reading performance.* Paper presented at the Annual Meeting of American Educational Research Association, San Francisco, California, 1-18.

Chao, C. C. (1988). *The evaluation of Mandarin Phonetic Symbols teaching in kindergasrten schools.* Taipei, Taiwan: Taiwan Provincial Institute of Teachers On- Service Education.

Chatterjee, J. B. (1984). *A comparative analysis of syntactic density and vocabulary richness in written language of learning-abled and learning-disabled children at third-and fifth-grade levels.* Dissertation Abstracts International, V44(08), SECA, PP2436. (University Microfilms No. ADG83-28234)

Cheek, Jr. E. H., Flippo, R. F., & Lindsey, J. D. (1977). *Reading for success in elementary school.* WI., Madison: Brown & Benchmark.

Chen, C. C. (1988). *The theory and writing of nursery story: analysis and reading.* Taipei, Taiwan: Taipei Municipal Normal College.

Chen, Y. H., Chien, C. Y., & Wang, W. C. (1988). *A study of the influence of peer interactions on the writting ability of elementary school students.* Tainan, Taiwan: Taiwan Provincial Tainan Normal College.

Chi, M. M-Y. (1989). *The development of early literacy in Chinese-speaking children.* Paper presented at the 1989 Meeting of Elementary Curriculum, Taipei.

Chomsky, N. (1957). *Syntactic structures.* The Hague: Mouton Publishers.

Cicci, R. (1980). Written language disorders. *Bullentin of Orton Society, 3,* 240-251.

Cohen, S. B., & Plaskon, S. P. (1980). *Language arts for the mildly handicapped.* Columbus, OH: Charles E. Merrill.

Crawley, S. H. & Merritt, K. (1996). *Remediating reading difficulties* (2nd ed.). Madison: Brown & Benchmark.

Crowhurst, M. (1980). Syntactic complexity and teachers' quality rating of narrations and arguments. *Research in the Teaching of English, 14*(3), 223-231.

Crowhurst, M. & Piche, G. L. (1979). Audience and mode of discourse effects on syntactic complexity in writing at two grade levels. *Re-*

search in Teaching of English, 13(2), 101-109.

Deshler, D., Ellis, E. S., & Lenz, B. K. (1996). *Teaching adolescents with learning disabilities: Strategies and methods.* Denver: Love Publishing.

Egan, M. & O'Shea, C. (1979). In search of motivation. *English Journal, 68*(2), 33-35.

Emig, J. (1971). *The composing process of twelfth graders.* Urbana, Ill.: National Council of Teachers of English.

Engelhard, G., Gordon, B., & Gabrielson, S. (1991). The influence of mode of discourse, experiential demand, and gender on the quality of student writing. *Research in the Teaching of English, 26,* 315-336.

Englert, C. S. (1990). Unraveling the mysteries of writing through strategy instruction. In T. E. Scruggs and B. Y. L. Wong (eds.), *Intervention research in learning disabilities* (pp.186-223). NY: Springer-Verlag.

Englert, C. S. & Raphael, T. E. (1989). Developing successful writers through cognitive strategy instruction. In J. E. Brophy (ed.), *Advances in research on teaching* (vol.1, pp.105-151). Greenwich, CT: JAI Press.

Englert, C. S., Raphael, T. E., Anderson, L. M., Anthony, H., Fear, K., & Greggs, S. (1988). A case for writing intervention: Strategies for writing information text. *Learning Disabilities Focus, 3,* 98-113.

Englert, C. S., Raphael, T. E., Fear, K., & Anderson, L. M. (1989). Students' metacognitive knowledge about how to write informational texts. *Learning Disability Quarterly, 11,* 18-46.

Epstein, S. & Epstein, B. (1971). *What's behind the word?* (5th ed.). New York: Scholastic Book Services.

Espin, C. A. & Sindelar, P. T. (1988). Auditory feedback and writing: Learning disabled and nondisabled students. *Exceptional Children, 55,* 45-51.

Fernald, G. M. (1943). *Remedial techniques in basic school subjects.* New York: Mcgraw-Hill.

Fitzgerald, E. (1966). *Straight language for the deaf.* Washington, D. C.: The Volta Bureau.

Florio-Ruane, S. & Dunn, S. (1985). *Teaching writing: Some perennial questions and some possible answers.* (Occasional Paper No. 85). East Lansing, MI: Michigan State University, Institute for Research on Teaching.

Florio-Ruane, S. & Lensmire, T. (1989). The role of instruction in learning to write. In J. E. Brophy (ed.), *Advances in research on teaching* (vol.1, pp.73-104). Greenwich, CT: JAI Press.

Ford, A., Schnorr, R., Meyer, L., Davern, L., Black, J., & Dempsey, P. (1989). *The Syracuse community-referenced curriculum guide for students with moderate and severe disabilities.* Baltimore: Paul H. Brookes.

Ganschow, L. (1984). Analysis of written language of a language learning disabled (dyslexic) college student and instructional implications. *Annals of Dyslexia, 34,* 271-278. International Academy for Research in Learning Disabilities Research Meeting, Los Angles, C.A. 1-26.

Gaustad, G. M. & Messenheimer-Young, T. (1991). Dialogue journals for students with learning disabilities. T*eaching Exceptional Children, 23* (3), 28-31.

Gearheart (1989). *Learning Disabilities: Educational Strategies* (5th ed.). New York: Merrill Macmillan.

Gerard, J.A. & Junkala, J. (1980). Task analysis handwriting, and process based instruction. *Journal of Learning Disabilities, 13,* 49-58.

Gerber, M. M. & Hall, R. J. (1987). Information processing approaches to studying spelling deficiencies. *Journal of Learning Disabilities, 20,* 34-42.

Gerber, P. & Reiff, H. (eds.) (1994). *Learning Disabilities in adulthood: Persisting problems and evolving issues.* Boston: Andover Medical Publishers.

Gersten, R., Baker, S., & Edwards, L. (1999). *Teaching expressive writing to students with learning disabilities.* The ERIC Clearinghouse on Disabilities and Gifted Education. The Council for Exceptional Children.

Gersten M. & Jimenez R. T. (eds.) (1998). *Promoting learning for culturally and linguistically diverse students* (pp.167-186). Belmont, CA: Wadsworth.

Getman, G. N. (1965). The visualmotor complex in the acguisition of learning skills. In Hellmuth, J. (ed.), *Learning Disoders.* Vol.1 Seattle: Special Child Publications.

Gillingham, A. & Stillman, B. (1970). *Remedial training for children with special difficulty in reading, spelling, and penmanship.* (7ᵗʰ ed.). Cambridge, MA: Educators Publishing Service.

Gleason, J. B. (1985). *The development of language.* Columbus, Ohio: Charles E. Merrill.

Gleitmen, L. & Landau, B. (1994). *Thacquisition of thelexicon.* Combridge, Massachusetts: A Bradford Book.

Goldstein, K. (1948). *Language and language disturbance.* New York: Grune & Stratton.

Golub, L.S. & Kidder, C. (1974). Syntactic density and the computer. *Elementary English, 51* (8), 1128-1131.

Gonder, P. O. (1979). Updating the Bay Area Writing Project. *American Education, April, 15,* 33-38.

Goodman, J. C. & Nusbaum, H. C. (1994). *The development of speech perception: The transition from speech sounds to spoken words.* Cambridge, Massachusetts: The MIT Press.

Graham, S. (1999). Handwriting and spelling instruction for students with learning disabilities: A review. *Learning Disabilities Quarterly, 22,* 78-95.

Graham, S. & Freeman, S. (1985). Strategy training and teacher vs. student-controlled study conditions: Effects on LD students' spelling performance. *Learning Disability Quarterly, 8,* 267-274.

Graham, S. & Harris, K. R. (1987). Improving composition skills of inefficient learners with self-instructional strategy training. *Topics in Language Disorders, 7,* 68-77.

Graham, S. & Harris, K. R. (1988). Instructional recommendations for teaching writing to exceptional students. *Exceptional Children, 54,* 506-512.

Graham, S. & Harris, K. R. (1989). Improving learning disabled students' skills at composing essays: Self-instructional strategy training. *Exceptional Children, 56,* 201-214.

Graham, S. & Harris, K. (1997). Whole language and process writing: Does one size fit all? In J. Lloyd, E. Kameenui, & D. Chard (eds.), *Issues in educating students with disabilities* (pp.239-261). Mahwah, NJ: Lawrence Erlbaum.

Graham, S., MacArthur, C., Schwartz, S., & Voth, T. (1989). Improving LD students' compositions using a strategy involving product and process goal-setting. *Exceptional Children, 56,* 96-105.

Graves, A. (1998). Instructional strategies and techniques for middle school students who are learning English. In R. M. Gersten & R. T. Jimenez (eds), *Promoting learning for culturally and linguistically diverse students* (pp.167-186). Belmont, CA: Wadsworth.

Graves, A. & Hauge, R. (1993). Using cues and prompts to improve story writing. *Teaching Exceptional Children, 25* (4), 38-40.

Graves, D. (1983). *Writing: Teachers and children at work.* Portsmouth, NH: Heinemann.

Graves, D. H. (1982). Break the welfare cycle: Let writers choose their topics. *Forum, 3,* 75-77.

Graves, D. H. (1994). *A fresh look at writing.* Concord, Ontario: Heinemann.

Gundlach, R.A. (1982). Children as writers: The beginnings of learning to write. In M. Nystrand (ed.), *What writers know* (pp.129-147). New York: Academic Press.

Hagemann, M.C. (1980). Taking the wrench out of letter writing. *English Journal, 1980, 69* (3), 38-40.

Hallahan, D. P. & Cruickshank, W. M. (1973). *Psycho-educational foundations of learning disabilities.* Englewood-Cliffs: NJ: Prentice-Hall.

Hallahan, D. P. & Kauffman, J. M. (1997). *Exceptional Learners: Introduction to Special Education* (7th ed.). Boston: Allyn & Bacon.

Hammill, D. & Larsen, D. (1988). *Test of written language.* Austin, TX: Pro-Ed.

Hanna, P. R., Hodges, R. E., & Hanna, J. S. (1971). *Spelling: Structure and strategies.* Boston: Houghton-Mifflin.

Harris, A. J. & Sipay, D. R. (1985). *How to increase reading ability: A guide to developmental and remedial methods* (8th ed.). New York: Longman, Inc.

Harris, K. R. & Graham, S. (1992). *Helping young writers master the craft: Strategy instruction and self regulation of the writing process.* Cambridge, MA: Brookline Book.

Harris, K. R. & Graham, S. (1996). *Making the writing process work: Strategies for composition and self-regulation.* Cambridge, MA: Brookline Books.

Harris, K. & Graham, S. (1985). Improving learning disabled students' composition skills: Self-control strategy training. *Learning Disability Quarterly, 8,* 27-36.

Hayes, J. R. & Flower, L. S. (1987). On the structure of the writing process. *Topics in Learning Disorders, 7,* 19-30.

Hayes, J. R., Flower, L. S., Schriver, K., Stratman, J., & Carey, L. (1985). *Cognitive process in revision* (Tech. Rep. No. 12).

Health, S. B. (1987). *Ways with words: Language, life, and work in communities and classrooms.* Cambridge: Cambridge University Press.

Herbert, M. A. & Czerniejewski. C. (1976). Language and learning therapy in a community college. *Bulletin of the Orton Society, 26,* 96-106.

Hewett, F. M. & Formess, S. R. (1984). *Education of exceptional learners* (3rd ed.). Boston: Allyn and Bacon.

Hillocks, G. (1984). What works in teaching composition: A meta-analysis of experimental treatment studies. *American Journal of Education, 93,* 133-170.

Hinsie, L. & Campbell, R. (1960). *Psychiatric Dictionary (3rd ed.).* New York: Oxford University Press.

Holdaway, D. (1986). The structure of natural learning as a basis for literacy instruction. In M. R. Sampson (ed.), *The Pursuit of literacy: Early reading and writing.* Dubuque, IA: Kendall/ Hunt Publishing Co.

Hopkins, B. L., Schutte, R., C., & Garton, K. L. (1971). The effects of access to a playroom on the rate and quality of printing and writing of first and second grate students. *Journal of Applied Behavior Analysis, 4,* 77-87.

Hsu, C.C. (1988). *Correlates of reading success and failure in logogra-*

phic writing system. Paper presented at the International Academy for Research in Learning Disabilities Research Meeting, Los Angeles, CA, 1-26.

Hunt, K. W. (1965). *Grammatical structures written at three grade levels.* (NCTE Research Report No. 3). Champaign, Ill.: National council of teachers of English.

Hunt, R. W. (1970). *Syntactic maturity in school children and adults.* Monographs of the Society for Research in Child development. Serial No.134.

Idol, I. (1987). Group story mapping: A comprehension strategy for both skilled and unskilled readers. *Journal of learning Disabilities, 20* (4), 196-204.

Johnson, D. (1977). Psycho-educational evaluation of children with learning disabilities: Study of auditory processes. In G. Millichap (ed.). *Learning Disabilities and Related Disorders.* Chicago, Yearbook Medical Publishers.

Johnson, D. J. (1985). Using reading and writing to improve oral language skills. *Topics In Language Disorders.* 55-69.

Johnson, D.J. (1987). Assessment issues in learning disabilities research. In S. Vaughn & C.S. Bos (eds). *Research in learning disabilities: Issues and future directions.* Boston: A College-Hill Publication.

Johnson, D. J. & Blalock, J. W. (1987). *Adults with learning disabilities.* Orlando: Grune and Stratton, Inc.

Johnson, D. J. & Grant, J .O. (1989). Written narratives of normal and learning disabled children. *Annals of Dyslexia, 39,* 140-158.

Johnson, D. J. & Myklebust, H. R. (1967). *Learning disabilities:Educational principles and practices.* Orlando: Grune and Stratton, Inc.

Johnson, D. & Myklebust, H. R. (1967) *Learning disabilities: Educational principles and practices.* New York: Grune & Stratton.

Johnson, W. (1944). Studies in language behavior. I. A program of research. *Psychological Monographs, 56,* 1-15.

Just, M. A. & Carpenter, P. A. (1987). *The psychology of reading and language comprehension.* Boston: Allyn and Bacon.

Kameenui, E. J. & Simmons, D. C. (1990). *Designing instructional strategies: The prevision of academic learning problems.* Columbus, OH: Merrill.

Kauffman, J. M. (1997). *Characteristics of emotional and behavior disorders of children and youth* (6th ed.). New Jersey: Prentice-Hall, Inc.

Kearney, C. A. & Drabman, R. S. (1993). The write-say method for improving spelling accuracy in children with learning disabilities. *Journal of Learning Disabilities, 26,* 52-56.

Kephart, N. C. (1971). The slow learner in the classroom (2nd ed.). Columbus: Charles E. Merrill Publishing Co.

Kerchner, L. B. & Kistinger, B. J. (1984). Language processing/word processing: Written expression, computers, and learning disabled student. *Learning Disability Quarterly, 7,* 329-335.

Kirk, S.A. & Kirk, W. D. (1976). *Psycholinguistic learning disabilities: Diagnosis and remediation.* Chicago: University of Illinois Press.

Kirk, S. A., Gallagher, J. J., & Anastasiow, N. J. (2000). *Educating Ex-*

ceptional Children (9th ed.). Boston: Houghton Mifflin Co.

Klecan-Aker, J. S. (1985). Syntactic abilities in normal and language deficient middle school children. *Topics in Language Disorders, 5*(3), 46-53.

Kluwin, T. N. (1996). Getting hearing and deaf students to write to each other through dialogue journals. *Teaching Exceptional Children, 28* (2), 50-53.

Ko, H. W. (1985). *Misrecognized characters and how children acquire knowledge about unfamiliar words.* Taiwan. the Republic of China: Taiwan Provincial Institute for Elementary School Teachers, Inservice Education.

Ko, H. W., Wu, R. J., Chien, C. Y., & Yen, M. C. (1987). *The study of high frequency characters used by Chineses primary graders.* Taipei, Taiwan: Taiwan Provincial Institute of Teachers On-Service Education.

Korinek, L. & Bulls, J. A. (1996). SCORE-A: A student research paper writing strategy. *Teaching Exceptional Children, 28* (4), 60-63.

Kosiewicz, M. M., Hallahan D.P., Lloyd, J., & Graves, A. W. (1982). Effects of self-instruction and self-correction procedures on handwriting performance. *Learning Disability Quarterly, 5,* 71-78.

Langacker, R. W. (1968). *Language and its structure: Some fundamental linguistic concepts.* New York: Harcourt, Brace & World, Inc.

Larsen, S. C. & Poplin, M. S. (1980). *Methods for educating the handicapped.* Boston: Allyn & Bacon.

Lee, J. W. (1987). Topic selection in writing: A precarious but practical balancing act. *The Reading Teacher, 41,* 180-184.

Lee, L. H. (1987). *Picture story writing teaching method versus creative teaching methods: the influence of two composition teaching methods on the early writing ability of elementary school students.* Paper presented at the 1987 Meeting of elementary school curriculum, Taipei,Taiwan.

Lerner, J.W. (1976). *Children with learning disabilities* (2nd ed.). Boston: Houghton Mifflin.

Lerner, J.W. (1981). *Learning disabilities: Theories, diagnosis and teaching strategies* (3rd ed.). Boston: Houghton Mifflin.

Lerner, J. W. (2000). *Learning Disabilities: Theories, Diagnosis, and Teaching Strategies* (8th ed.). NY: Houghton Mifflin.

Lerner, J. W., Cousin, P. T., & Richeck, M. (1992). Critical issues in learning disabilities: Whole language learning. *Learning Disabilities Research and Practice, 7,* 226-230.

Levy, N. R. & Rosenberg, M. S. (1990). Strategies for improving the written expression of students with learning disabilities. *Learning Disabilities Forum, 16* (1), 23-30.

Lewis, R., Ashton, T., Haapa, B., Kieley, C., & Fielden, C. (2002). Improving the writing skills of students with learning disabilities: Are word processors with spelling and grammar checkers useful? *Learning Disabilities: A Multidisciplinary Journal.*

Lin, C. P. (1989). *The classroom of creative writing.* Taipei, Taiwan: Psychological Publishing Company.

Lipson, M. Y. & Wixson, K. K. (1997). *Assessment and instruction of reading and writing disability: An interactive approach* (2nd ed.) New York: Addison Wesley Longman.

Litowitz, B. (1981). Developmental issues in written language. *Topics in Language Disorders, 2,* 73-89.

Lund, N. J. & Duchan, J. F. (1988). *Assessing children language in naturalistic contexts* (2nd ed.). Englewood, New Jersey: Prentice-Hall, Inc.

MacArthur, C. A. & Graham, S. (1987). Learning disabled students' composing under three methods of text production: Handwriting, word processing, and dictation. *Journal of Special Education, 21*(3), 22-42.

MacArthur, C. (1996). Using technology to enhance the writing process of students with learning disabilities. *Journal of Learning Disabilities, 29,* 344-354.

Martin, B. (1992). *Brown bear, brown bear, what do you see?* New York: Holt, Rinehart, & Winston.

Martin, K. F. & Manno, C. (1995). Use of a check-off system to improve middle school students' story compositions. *Journal of Learning Disabilities, 28,* 139-149.

Mastropieri, M. A. & Scruggs, T. E. (1994). *Effective instruction for special education.* Austin, TX: Pro-Ed.

Mather, N. & Lachowicz, B. L. (1992). Shared writing: An instructional approach for reluctant writers. *Teaching Exceptional Children, 25* (1), 26-30.

Mercer, C. D. (1997). *Students with learning disabilities* (5th ed.). Upper

Saddle River, NJ: Prentice-Hall.

Miller, N.L. (1985). Syntactic and semamtic characteristics of the written and oral language of reading disabled and normally reading school-aged children. *Dissertation Abstracts International, 46*(04), SECA, PP949. (University Microfilms No. Adg85-13064, 8510).

Minner, S., Parter, G., Sullivan, C., & Gwaltney,W.(1989). Informal assessment of written expression. *Teaching Exceptional Children, Winter,* 76-79.

Montague, M. & Fonseca, F. (1993). Using computers to improve story writing. *Teaching Exceptional Children, 25* (4), 46-49.

Moran, M. (1980). *An investigation of the demands on oral language skills of learning disabled students in secondary classrooms* (Research Report 1). Lawrence: University of Kansas, Institute for Research in Learning Disabilities.

Morris, N.T. (1979). Syntactic and vocabulary development in the written discourse of learning disabled and normal children and adolescent. *Dissertation Abstract International, 41*(01), SECA,PP140. （University Microfilms No. ADG80-15581）.

Morris, N.T. & Crump, W.D. (1982). Syntactic and vocabulary development in the written discourse of learning disabled and normal children and adolescent. *Dissertation Abstracts International, 41*(01), SECA,PP140. (University Microfilms No. ADG801-15581).

Morris, N.T. & Crump, W.D. (1982). Syntactic and vocabulary development in the language of learning disabled and non-learning disabled students at four age levels. *Learning Disability Quarterly, 5,*

163-172.

Murray, D.M. (1984). *A writer teaches writing* (2nd ed.). Boston: Houghton-Mifflin.

Myers, P. I. & Hiammill, D. D. (1969). *Methods for learning disorders.* New York: John Wiley and Sons, Inc.

Myklebust, H. (1954). *Auditory disorders in children: A manual for differential diagnosis.* New York: Grune & Stratton.

Myklebust, H. R. (1965). *Development and disorders of written language (Vol. I): Picture story language test.* New York: Grune and Stratton.

Myklebust, H. R. (1973). *Development and disorders of written language. (Vol. II). studies of normal and exceptional children.* New York: Grune & Stratton.

National Cheng-Chi University (1982). *A study on the Chineses words of high frequency in the reading materials of grades 1-2, elementary schools.* Taipei: Taiwan Books, Inc.

National Compilation Committee (1967). *The study of high frequency characters used by Chinese elementary school students.* Taipei, Taiwan: Taiwan China Books, Inc.

Newcomer, P.L., Barenbaum, E. M., & Nodine, B. F. (1988). Comparison of the story production of LD, normal-achieving, and low-achieving children under two modes of production. *Learning Disability Quarterly, 11,* 82-96.

Nodine, B. F., Barenbaum, E., & Newcomer, P. (1985). Story composition by learning disabled, reading disabled and normal children.

Learning Disability Quarterly, 3, 46-53.

Nulman, J. A. H. & Gerber, M. M. (1984). Improving spelling performance by imitating a child's errors. *Journal of Learning Disabilities, 17,* 328-333.

O'Donnell, R. C. (1976). A critique of some indices of syntactic maturity. *Research in the Teaching of English, 10*(1), 31-38.

Oleron, P. (1953). Conceptual thinking of the deaf. Amer.Ann. *Deaf.98,* 304.

Otto, W. & McMenemy, R. A. (1966). *Corrective and remedial teaching: Principles and practices.* Boston: Houghton Mifflin.

Otto, W., McMenemy, R., & Smith, R. (1973). Corrective and remedial teaching. Boston: Houghton Mifflin.

Paz, L. D. S. (1997). Strategy Instruction in Planning: Teaching Students with Learning and Writing Disabilities to Compose Persuasive and Expository Essays. *Learning Disability Quarterly, 20,* 227-248.

Phelps-Teraski, D. & Phelps, T. (1980). *Teaching written expression: The Phelps sentence guide program.* Novato, Calif.: Academic Therapy Publications. Pittsburgh, PA: Carnegie Mellon University, Communication Design Center.

Porrino, L. J., Rapoport, J. L., Behar, D., Sceery, W., Ismond, D. R., & Bunnery, W. E. (1983). A naturalistic assessment of the motor activity of hyperactive boys. I. Comparison with normal controls. *Archives of General Psychiatry, 40,* 681-687.

Poteet, J. A. (1978). Characteristics of written expression of learning disabled and non-learning disabled elementary school students. *Diag-*

nostique, 4(1), 60-74.

Raphael, T. E. & Englert, C. S. (1990). Writing and reading: Partners in constructing meaning. *The Reading Teacher, 43,* 388-400.

Rhodes, L. K. & Dudley-Marling, C. (1996). *Readers and writers with a difference: A holistic approach to teaching struggling readers and writers* (2nd ed.). Portsmouth, NH: Heinemann.

Richek, M., Caldwell, J., Jennings, J., & Lerner, J. (1996). *Reading problems: Assessment and teaching strategies.* Needham Heights, MA: Allyn & Bacon.

Rubin, D. L. (1987). Divergence and convergence between oral and written language. *Topics in Language Disorders, 7,* 1-18.

Russell, W. F. (1982). *The parents' handbook of grammar and usage.* New York: Stein and Day / Publishers.

Scardamalia, M. & Bereiter, C. (1986). Research on written composition. In M. C. Wittrock (ed.), *Handbook of research on teaching* (3rd ed., pp. 778-803). New York: Macmillan.

Schumaker, J., Deshler, D., Alley, G., Warner, M., Clark, F., & Nolan, S. (1982). Error monitoring: A learning strategy for improving adolescent performance. In W. M. Cruickshank & J. W. Lerner (eds.), *Best of ACLD* (vol. 3, pp. 170-183). Syracuse: Syracuse University Press.

Schwartz, M. (1979). Talking your way into writing. *English Journal, 68* (7), 42-44.

Sebranek, P. & Meyer, V. (1985). *Basic English: A Student handbook* (5th ed.). Burlington, Wisconsin: Basic English Revisited.

Silverman, R., Zigmond, N., Zimmerman, J. M., & Valeecorsa, A. (1981). Improving writing expressing in learning disabled students. *Topics in Language Disorders, 1* (2), 91-99.

Smith, C. R. (1991). Learning Disabilities: The Interaction of Learn, Tasks, and Setting. Boston: Allyn and Bacon.

Smith, D. E. P. (1976). A *technology of reading and writing: Vol. I : Learning to reading and write: A Task Analysis.* New York: Academic Press.

Smith, J., Smith, D. E. P., & Brink, J. R. (1977). *A technology of reading and writing: Vol.II; Criterionreferenced tests for reading writing.* New York: Academic Press.

Smith, S., Boone, R., & Higgins, K. (1998). Expanding the writing process to the Web. *Teaching Exceptional Children, 30* (5), 22-33.

Stein, N. & Glenn, C. (1979). An analysis of story comprehension in elementary school children. In R. Freedle (ed.). *New directions in discourse processing.* Norwood, NJ: Ablex.

Stephen, R. (1987). *Write/read/write some more.* Paper presented at the Fourth Annual Conference on Adult Reading Problems, Chicago State University, September 27.

Stevens, D. D. & Engert, C. S. (1993). Making Writing Strategies Work. *Teaching Exceptional Children, 26,* 34-39.

Stevens, K. B. & Schuster, J. W. (1987). Effects of constant time delay procedure on the written spelling performance of a learning disabled student. *Learning Disability Quarterly, 10,* 9-15.

Stevenson, H. W. (1984). Orthography and reading disabilities. *Journal of Learning Disabilities, 17* (5), 296-301.

Stevenson, H. W. Stigler, J. W., Lucker, G. W., Lee, S. Y., Hsu. C. C., & Kitamura, S. (1982). Reading disabilities: The case of Chinese, Japanese, and English. *Child Development, 53,* 1164-1181.

Su, S. C., Soong, W. T., & Hsu, C. C. (1984). Dyslexia in Chinese children: The writing errors and WISC-R pattern. *Acta Psychological Taiwanica, 26*(1), 41-48.

Tang, T. C. (1982). Chinese morphology. *Teaching and Research, 6* (82), 41-47.

Tagatz, G. E., Otto, W., Klausmerier, H. J., Goodwin, W. L., & Cook, D. M. (1969).Effect of three methods of instruction upon the handwriting performance of third and fourth graders. In W. Otto & K. Koenke (eds). *Remedial teaching: Research and comment.* Boston: Houghton-Mifflin.

Temple, C., Nathan, R., Burris, N., & Temple, F. (1988). *The beginnings of writing* (2nd ed.). Newton, Massachusetts: Allyn and Bacon.

The Ministry of Education (1981). *The report of the evaluation and research on language abilities.* Taipei, Taiwan: The Ministry of Education.

Tibbetts, C. & Tibbetts, A. M. (1988). *Strategies: A Rhetoric and Reader* (3rd ed.). Glenview: Scott, Foresman and Company.

Troia, G., Graham, S., & Harris, H. (1998). Teaching students with learning disabilities to mindfully plan when writing. *Exceptional Children, 65* (2), 235-252.

Tsai, C. T. (1987). *The wonderful first time: Creative composition.* Taipei, Taiwan: Hua-Lin Publishing, Inc.

Vacc, N. N. & Vacc, N. A. (1979). Teaching manuscript writing to mentally retarded children. *Education and Training of the Mentally Retarded (Dec.), 286-291.*

Vallecorsa, A. L., Ledford, R. R., & Parnell, G. G. (1991). Strategies for teaching composition skills to students with learning disabilities. *Teaching Exceptional Children, 23,* 52-55.

Verner, Z. & Bauer, M. B. (1980). *Proposal to establish the Houston-Harris County Writing Project.* University of Houston.

Vogel, A. (1998). Adults with learning disabilities. In S. Vogel & S. Reader (eds.), *Learning disabilities, literacy, and adult education* (pp. 5-8). Baltimore: Paul H. Brooks.

Vygotsky, L. (1978). *Mind in society: The development of higher psychological process.* Cambridge, Ma: Harvard University Press.

Walmsley, S. A. (1984) Helping the learning disabled child overcome writing disabilities in the classroom. *Topics in Learning and Learning Disabilities, 3* (4), 81-90.

Wang, W. C. (1988). *Recreative reading and writing teaching.* Kaoshiung, Taiwan: Fu-Wen Publishing, Inc.

Watson, D. J. (1989). Defining and describing whole language. *The Elementary School Journal, 90,* 129-141.

Weiner, E. (1980). The diagnostic evolution of writing skills. *Journal of Learning Disabilities, 13,* 48-53.

Welch, M. (1992). The PLEASE strategy: A metacognitive learning strategy for improving the paragraph writing of students with mild learning disabilities. *Learning Disability Quarterly, 15,* 119-128.

Westling, D. L. & Fox, L. (1995). *Teaching students with severe disabilities.* Englewood Cliffs: Prentice-Hall.

Wiig, E. H. & Semel, E. (1984). *Language assessment and intervention for the learning disabled* (2nd ed.). Columbus: Charles E. Merrill Publishing Co.

Willis, D. J., Culbertson, J. L., & Mertens, R. A. (1984). Considerations in physical and health-Related disorders. In S. J. Weaver (eds.), Testing children: A reference guide for effective clinical and psychoeducational assessments (pp.185-196). Kansas city, Missouri: Test Corporation of America.

Wiseman, N. A. (1979) .Unit on writing children's stories. *English Journal, 68* (5), 47-49.

Wong, B. Y. L., Butler, D. L., Ficzere, S. A., & Kuperis, S. (1997). Teaching adolescents with learning disabilities and low achievers to plan, write, and revise compare-and-contrast essays. *Learning Disabilities Research and Practice, 12* (1), 2-15.

Wu, R. J. (1985, April). *Chinese children's memory for sentence syntax and semantics.* Paper presented at the Annual Meeting of the American Educational Research Association (AERA), Chicago, IL.

Wu, R. J. (1985, April). *The development of metalinguistic awareness of Chinese words and sounds.* Paper presented at the Annual Meeting of AERA, Chicago, IL.

Wu, R. J. (1987, Spring). *The analysis of sentence patterns used in Mandarin Chinese textbooks of elementary school.* Paper presented at the 1987 Meeting of Elementary School Curriculum, Taipei, Taiwan.

Wu, R. J. (1988, April). *Bilingual education in the Republic of China*. Paper presented at the Annual Meeting of AERE, New Orleans.

Wu. R. J. (1987, April). *Children use of the Chinese adverbial JIU.* Paper presented at the Stanford Child Language Research Forum.

Wu, R. L. (1987, April). *Concepts about Chinese print.* Paper presented at the Annual Meeting of the American Educational Research Association, Taipei, Taiwan.

Wu, R. L., & Hsu, H, C. (1988). *The analysis of reading comprehension in Chinese elementary school students.* Paper presented at the 1988 Meeting of Elementary School Curriculum, Taipei, Taiwan.

Wu, W. D. & Chang, C. F. (1984). *Chinese language ability tests.* Taipei, Taiwan: National Normal University, Special Education Center.

Yang, K. T. (1990). *A study of written language in Chinese first-grade children in Taiwan, the Republic of China.* Unpublished doctoral dissertation, Northwestern University, Evanston, Illinois.

Ysseldyke, J. E. & Algozzine B. (1995). *Special Education: A Practical Approach for Teachers* (3rd ed.). Boston: Houghton Mifflin Co.

Zipprich, M. A. (1995). Teaching web making as a guided planning tool to improve student narrative writing. *Remedial and Special Education, 16* (1), 3-15.

索引

國家圖書館出版品預行編目（CIP）資料

書寫語文學習障礙／楊坤堂著. --初版.-- 臺北市：心理,
2004（民93）
　　面；　公分.--（障礙教育系列；63047）
參考書目：面
含索引
ISBN 978-957-702-685-9（平裝）
1.學習障礙—教育　2.特殊教育　3.中國語言—教學法

529.6　　　　　　　　　　　　　　　　93009715

障礙教育系列 63047

書寫語文學習障礙

作　　　者：楊坤堂

總 編 輯：林敬堯

發 行 人：洪有義

出 版 者：心理出版社股份有限公司

地　　　址：231026 新北市新店區光明街 288 號 7 樓

電　　　話：(02) 29150566

傳　　　真：(02) 29152928

郵撥帳號：19293172　心理出版社股份有限公司

網　　　址：https://www.psy.com.tw

電子信箱：psychoco@ms15.hinet.net

排 版 者：臻圓打字印刷有限公司

印 刷 者：玖進印刷有限公司

初版一刷：2004 年 7 月

初版九刷：2022 年 1 月

I S B N：978-957-702-685-9

定　　　價：新台幣 350 元